あたらしい しょうがっこうの つくりかた

学校法人 茂来学園
理事
中川 綾

ナガオ考務店

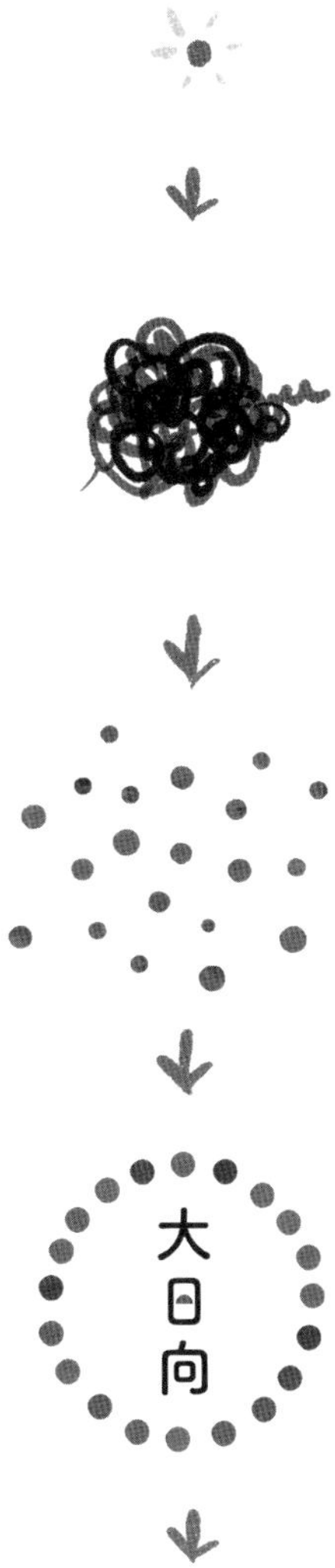
大日向

装丁・本文デザイン　株式会社クラウドボックス

はじめに

この本は、「ちいさな小学校ができるまで」が語られたものです。「学校ができてから」のお話ではありません。おもいっきり、今流行りの「エピソード0《ゼロ》」です。

学校ができてからの様子については、(それもまたかなりエキサイティングな日々の記録になるのではないかと思いますが) またの機会にさせていただき、この本では「なぜ・どのように、日本初のイエナプランスクール・大日向小学校は設立されたのか」ということを、いろいろな側面からお伝えします。

そしてそれが、まずは、大日向小学校にすでに関わってくださるすべての皆さんにとって、「あー、そういうことだったのね」と納得してもらえることを目指すと共に、日本の学校教育のこれからについて、共に考え、共にチャレンジしていく人たちを少しでも増やす一助となることを願っています。

そんな大きなこと言うと、自分の首を締めることにもなるのだけれど、「よし、書くぞ」と決めた理由はそんな気持ちからなので、最初に宣言しておきます。

あたらしい しょうがっこうの つくりかた　目次

エピローグとしてのプロローグ

２０１９年４月10日。昨日まで晴天が続いていたというのに、４月にしてはめずらしく、佐久穂町に雪がしんしんと降っていました。「雨が降ってると綾さんが来たなって分かる」などとからかわれることのある雨女な私としては、朝起きて真っ白になった街並みを見て、申し訳ない…とため息をつきました。

今日は大日向小学校の「入学を祝う会」。入学を決めてくれた人たちと一緒にスタートする大事な日です。みんな無事に登校できるだろうか…と思いながら私も学校へと向かいました。

今年の入学を祝う会は、「全校児童が新入生」となる最初で最後の特別な会。サークル型に椅子とベンチが並べられた体育館には、前日に教職員が飾り付けた風船や花が彩りを添えています。

はじまりの読み聞かせは練習通りに進むだろうか。

会場はそもそも「前」が曖昧な設定で、教職員はどこに座るのが自然で、来賓の方々はこの設定をどう思うだろうか。
まぁ、何か起きても臨機応変に対応すればいいか。

そんなことを考えているうちに、入学するご家族と、地域でお世話になった方々が、新しくリフォームされた昇降口から集まりはじめ、私は挨拶を交わしながら、笑顔と多少の不安の顔が見られる人々に囲まれていきました。

「ここまでの道のりは3年ほどで、入学を祝う会はやっと立てたスタートライン。ホッとはすれども、感動などする段階ではない」というのが私の気持ちでした。でも、入学を決めてくださった子どもたちとそのご家族を、一組ずつ教職員がお呼びして紹介する度に、笑顔とあたたかな拍手が贈られた時間は、じんわりと素直に心が動かされたのでした。

◯第1章　学校をつくると決めるまで

融合した2つの視点

大日向小学校は、「一条校（※149頁）」と呼ばれる学校法人として認められた私立小学校です。日本初のイエナプランスクールは、いわゆるフリースクールとしてではなく、日本の学習指導要領に則って教育活動が行われる正式な「学校」としてスタートすることができました。そしてこれは、私たちがこだわったことの一つでもありました。

誤解の無いように最初にお伝えしておきたいのですが、私たちはフリースクールの存在を否定したいという想いはまったくありません。むしろ、現在の日本の学校教育の環境を考えると、フリースクールの存在は大変重要で、「子どもたちが学びの場を選択できる環境」を確保するという意味で、本当に貴重な存在であることは間違いありません。

では、なぜ私たちは「一条校」にこだわったのか。

それには、私たちの中には大きな2つの視点があったことを説明する必要があります。

まず一つ目の視点は、日本にイエナプランのコンセプトを広め続けてきた日本イエナプラン教育協会（以下、協会）の視点です。協会では、イエナプランは日本の公教育の中に「特異なもの」としてではなく、当たり前に存在することができると考えていました。また、一条校としてイエナプランスクールが設立されることで、イエナプランは日本の公教育のルールを変えなくても実践できる、ということを証明することにもなると考えていました。一条校として実践を積み重ねれば、「イエナプラン教育はドイツやオランダだからできるんだ。日本の文化には合わない」という誤解を解くこともできることも期待していました。

もう一つの視点は、株式会社で保育園を100園以上運営している株式会社グローバルキッズの代表者としての視点です。一人ひとりを大切に、じっくりと、子どもを真ん中に置いてみんなで保育してきたその先を、小学校という場でつくってあげたい。そういう保育園をつくってきた中正雄一氏の想いと、イエナプランのコンセプトを大切に広めてきた日本イエナプラン教育協会の想いがつながり、実現したのが大日向小学校なのです。

同時に、私たちが目指すゴールは「学校をつくること」ではない、ということもすぐに確認し合いました。私たちが大切だと考えていたのは、子どもたちがどんな未来を生きていくのか、そして、どんな未来をつくろうとするのか。ということでしたが、それらが言語化され、学校設立メンバーに浸透していくのは、もう少し先の話になります。

最初は、「新しい学校が生まれると実現すること」のイメージはみんな少しずつ違っていました。それでも、「根本的に大事にしたいこと」が私たちをつなぎ、歩かせはじめたのでした。

自分で決め、自分で選択する

お話は20年ほど前にさかのぼります。少し私自身の話にお付き合いください。

20年前と言えば、2・3年後には中学か高校で体育の先生になろうと思っていた頃のことです。大学は、それはそれは楽しいところでした。自分が興味関心を持っていることについて学ぶことができて、しかも教員免許まで取ることができて、自分の未来を広げてくれる。「こんな素晴らしいことがあるだろうか！　なんて楽しいんだ!!」という充実した日々でした。

しかし、そもそも大学は学びたいことを学ぶところで、なぜそんなにもこれが幸せなことだと感じられたかと言えば、大学に入学するのに私はとても苦労したからでした。

いや、もっとさかのぼれば、小学生時代から勉強というものに悩まされてきたからでもあります。私は幼稚園から大学まであるエスカレーター式の私学に通っていました。算数は小学3年生ですでにつまずいていたし、夏休みの宿題をまったくやらずに最終日に母と姉に手伝ってもらったこともあるし、中学から高校に上がる時には担任の先生がわざわざ自宅までやってきて「本当に高校に行ったら勉強するのか?」ということを確かめられたこともあります。

とにかく勉強が苦手で、定期テストが人生であと何回あるのだろうかとため息をつきながら数えていました。そんな、勉強が嫌いになってしまったいわゆる「できの悪い子」が、そこまで道をそれずにやってこられたのは、「好きなこと」とか「得意なこと」があったからでした。

日々の授業で勉強をちゃんとやっていれば大学まで進学できる学校に通い、受験などしたことがなかった子が、「体育の教員になりたいんだ!」と言って、苦労なく行ける大学に進学せず浪人して、二浪決定間近というところで、結局行きたい大学の通信教育学部に入学し、体育学科の2年生への転籍試験を受けてめでたく合格、という意地を見せられたのも、「やりたいこと」が私の背中を押していました。とにかく頑固であるのは確かです…。

そういう私が大学生活を楽しんでいた時に、先に卒業した(私は浪人していたので)高校まで共に学んでいた旧友たちが、「将来どうしようかなぁ」「特にやりたいこと無いしなぁ」「好きでこの学部に入ったわけじゃないし」などと言いながら、就職して真面目に働き始めました。私が通っていたエスカレーター式の私立学校は、信念徹底・自発創生・共同奉仕という3つの教え（建学の精神）を貫く大変素晴らしい学校でしたので、たとえ好きなことややりたいことが見つからなくても、彼らは強くしなやかに生きていて、そんな彼らが私には眩しく見えて、ちょっとだけ羨ましく感じていたように思います。だけれども、彼らに「あなたはいいね。やりたいことが見つかっていて」と言われることも多く、これは私にとっては衝撃的なことでした。幼稚園児の頃（実に3歳！）から知っている友人たちが、同じ環境で同じように学んできたというのに、「この違いはなぜ起きたのだろう」と不思議に思い始めたのです。

その頃の私が考えたことは、学校というところは「運」に任されている部分が多いのではないか、ということでした。同じ時代に同じ環境で同じことを学んでいても、受け取る人によって、どう広がっていくかは当然違います。私は偶然にも「体育の先生になりたい」という強い想いを持つことができて、乗っていたエスカレーターから無謀にも飛び出してしまいました。私にとって大学受験は、失敗を重ね、大きく傷ついた道でもありましたが、自分で初めて〝選択〟したことで、「好きなことや得意なことは何よりも強く守られるべきものだ」という確信を持つ経験となりました。自分のために選択し決断することの緊張と喜び。そして、そこから結果的に得られた充実した日々と納得感。今思うと、それが私の原点となったのだと思います。

ただ、こう書くと、あたかもこれが〝良い〟ことのようにも思えますが、現実は「親が悲しむから」とか「好きなことがわからないから」とか「私が得意なことなんて他の人と比べたら大したことないから」などと考えて、「選択しないことを選択する」人が多くいることも見えてきました。私にしてみれば優秀で羨ましく思える道を歩む友人たちが、やりたいことが偶然見つかった私を羨ましがるという現実を見て、学校という場が「偶然」に頼っていてよいのだろうか、と考え始めたのもこの大学時代でした。

いろいろな経験をさせてもらった上で、自分の得意なことと苦手なことを知ることができる。苦手なことを伸ばそうとすると苦しくて、「好き」や「得意」に没頭できると幸せで、そういう経験の積み重ねから自分に合った道を選択できるようになる。選択できると「私は自分の人生に責任を持つことができる」と思えるようになる。私は、学校はそういう場であってほしい、と考えるようになったのです。

そしてその頃、アメリカのチャータースクール（※249頁）制度を日本にも導入できないか、という市民運動をしている人たちの勉強会に参加するようになりました。「公設民営学校を日本にもつくろう」という活動です。私は買ったばかりのパソコンでインターネットを活用して、教育に関わる人たちとのつながりを広げ、世界には「自分たちが望む学び方ができる学校を、市民がつくることのできる制度がある」ということを知り「マジか！」と衝撃を受けました。

そう。「なければ学校をつくればいいのか！」という驚き。

その時に初めて、直感的に「それは面白い！　学校つくりたい！」となんとも浅はかで短絡的な思考が始まりました。その想いがこうして20年も続くとは、我ながらすごい執念です。

それだけ、「好きなことや得意なことは強い」「自分で選択し決めることは幸せなことだ」ということが、私の中で揺るぎないものになっていたとも言えます。

とはいえ、その頃の私はこうやって自分の考えを言語化できるほどの明確さを持っていたわけではありません。うっかり手にしてしまった「学校をつくる」という目標に向かって、「どうしたらできるのか？」「どんな学校をつくりたいのか？」「それは何のために必要なのか？」という問いを立て、いろいろな人とつながりながら試行錯誤していく道がこうしてスタートしました。

学校現場で学んだこと

大学時代に「学校をつくりたい」と考えてから、「なぜそう思うのか」「どうしたらできるのか」はずっと私にまとわりついていました。その「なぜ」と「どうしたら」を今ほどはっきりとさせることができずモヤモヤしている中、「やっぱり学校教育の現場に出よう」と決めたのは、現場のことを知らずに学校をつくりたいなどと言っても、誰にも信用されないだろうと思ったからでした。

この時の選択は今でも大正解だと思っていて、現場を知ることは私にとっては重要なことでした。私が知っている学校現場の数が極端に少ないという自覚もあったからです。

「公立学校はどこも同じだ」と言ってもいくつもの種類があります。「私立学校は多様だ」と言っても学び方の種類はさほど多くは感じません。特別支援学校、定時制学校などなど、いろいろな環境にいる人たちのための学校が実際にある中で、

「本当に学校を新たにつくることは必要なことなのだろうか?」

ということを、いくつかの種類の学校で働いたことで現実的に考えることができました。

私立と公立との両方で働いて直感的に感じたことは、(15年ほど前のことだから許してほしいのですが)「私立も公立もさほど差が無い」ということでした。学校の中で行われていることに大きな違いが無いことに若干安堵してしまったことも正直に伝えておきます。むしろ、公立に比べて私立は同質性の高い人たちが集まっているということも感じました。こうして私は「ああ、やっぱり学び方や学ぶ環境を選択できる世界が必要なんだ」と確信したのでした。

もう一つ感じたことは、教員一人ひとりの考え方が実に多様であるということでした。しかしその多様性をうまく生かすというよりは、学校は教員個人のやり方や今までの文化を踏襲することで、1年という周期で物事を繰り返すことができる環境でもあるということでした。もちろん、すべての学校がそうだというわけではありませんが、教員一人ひとりの違いを認めず対立する関係性が見られたり、対話で解決されるのではなく経験年数が高い教員たちによって決まってしまったり、話し合うことをせずに個々人で行える自由の中で実行されていたりということは少なからずどこの学校でも見られたように感じました。

そういうことは学校だけではなくてどこの組織でも起き得ることではあるけれども、学校という場は、大人の関係性に子どもが巻きこまれていく可能性がある特殊な場であるだけに、私の問題意識はそこに向いていきました。

教員時代に、私が最も影響を受けた現場は、特別支援学校でした。特別支援学校での子どもたちや教職員と過ごした日々は、目から鱗が落ちることがとても多かったです。

一人ひとりの成長に対して教員がコミットして、その子のために、どこまで何をすることを目指すのか。

そのために教員同士がチームで話し合って計画を立てていくことによる深まりと、一人でやらなければならない訳ではないという安心感は、ここで学びました。むしろ、チームで関わらないとできないし、そうしないと子どもの成長にとってもよくないということを実感したのでした。

「授業は一人できて一人前」という環境とはまったく違いました。もちろん、子どもと関わる時には教員として責任は自分にあります。しかし、子ども一人ひとりに関わるための手立てについて事前に相談し方針を共に考えてくれる仲間がいて、それがうまくいかなかった時に、率直に共有して再度共に頭を悩ませてくれる存在は、本当にありがたいものでした。

思いついたことはやってみる。うまくいったことも失敗したことも、他者と共有する。それが子どもたちの成長につながる。それを毎日感じることができた現場でもありました。

また、教員の「出しきる姿」を見たのも特別支援学校でした。

私が20代半ばだった頃、体調を崩した先生の代わりに講師として特別支援学校で働きはじめて1週間も経たないある日、小学校低学年の国語の授業に関わった時のことです。

私は何が始まるのかいまいち分かっていないまま授業にサポートとして入っていました。

その時間は、天狗と村人とが宝物を取り合う昔話で、歌と演技を経験しながら子どもたちと楽しむ時間だったのですが、まず行われた、先生方による見本の天狗と村人の演技が、それはもう「本気」だったのです。子どもに伝わるように、天狗になりきっていました。いや、小さな学校の教室に、川にかかる橋（大きな積み木）があり、宝物（大きな白い枕カバーに入ったぬいぐるみ）を背負って歩く天狗がいました。他の先生も天狗と戦う村人に、「ここまでやる?」と思うほどになりきっています。子どもたちは、グッとひきこまれ、楽しそうに一緒に歌を歌い、自分も天狗と宝物を取り合う村人になろうとする。笑顔で歌い、演技する。子どもたちが物語の世界に興味関心を持ち、居心地のいい世界観に入りこんでいく姿を見た時に、私自身にも「やりきる」スイッチが入ったのを感じました。

大人が出し惜しみをしないこと。子どもの「自立した学びのために」教員としてできることはすべてやってみようとすること。恥ずかしいとか、失敗したら怖いとか、そういうものにとらわれていた自分自身を見透かされた気持ちにもなりました。では先生方がいつも気合十分でエネルギッシュかというとそうではありません。普段の教室でも大人は自然なやり取りを子どもたちの前でも見せ、気持ちはリラックスして過ごしているように見えました。

そうそう、かなり余談ですが、不審者対応訓練の時に不審者役になった先生が、本気の奇声と妙な動きで逃げ回り、先生方にさすまたで捕らえられていたのも特別支援学校だったことも思い出しました…。

私は特別支援学校で一緒に働いた先生方に、言葉ではなく行動で教えてもらったことが多くありました。彼らには、「一人でやれることは本当に少なく、誰かと共に子どもに向き合うことが子どもの成長につながる」という共通認識がありました。新人だった私にも意見を求め、やってみたらいいよと背中を押してくれる先輩がたくさんいました。そこで子どもたちの環境を丁寧に設定することが教員の仕事なのだと私は確信し、その時に感じた感覚を、実はもう少し先の未来にまったく別の学校を見学した際に思い出すのです。

イエナプランとの出会い

「学校をつくる」という目標を立ててから、そのヒントや情報をくださった方々との出会いは、教員時代が一番多かったと思います。リヒテルズ直子さんもその頃に出会った方の一人です。

「教育の多様性の会」というメーリングリストがあり、喧々諤々と日本の教育の未来についてさまざまな人たちが意見を交わしていました。私がそのメーリングリストに登録した経緯はまったく思い出せませんが、多分、インターネットで検索して偶然見つけたのだと思います。20代だった私にとっては、4・50代の人たちが熱心に話している教育に関する文化や歴史、制度などについて半分も理解できていませんでしたが、そこに流れてきた情報で多くのことを学び、イベントに参加したりしていろいろな人とつながっていったのでした。

「教育の多様性の会」のメーリングリストをきっかけに私は、先に述べた「公設民営学校」のための制度改革に関する活動の他に、ＰＢＬ（project-based-learning）の関係者にもつながっていきました。リヒテルズさんも「教育の多様性の会」に投稿されていましたが、この時はまだ出会ってはいませんでした。

私は、子ども自身が興味関心を持ったものからプロジェクトとして学んでいく、というPBLにとても共感して、アメリカで行われたPBLのチャータースクール視察ツアーに参加しました。このツアーは1週間という短いものでしたが、5月の開催だったため、働いていた私立学校を辞めて参加しました。今なら辞めなくても参加できる策を練っていたかもしれませんが結果的に辞めるよいきっかけにもなりました。

そのツアーの運営に関わっていた竹内延彦さん（現・長野県池田町教育長）と出会ったのもその頃です。

私立学校を辞めた2004年。リヒテルズさんが「オランダの教育」という本を出版されました。私は竹内さんから誘われて「オランダの教育」の出版講演に参加し、その講演会後の懇親会でリヒテルズさんと話したのが最初の出会いでした。私が26歳の時です。

「オランダの教育」の中では「イエナプラン」のことはほんの少ししか触れられていません。

しかし、すでにリヒテルズさんは、イエナプランのことをよいと感じている、ということを「教育の多様性の会」関係者には話していて、その関係者から私は「リヒテルズさんにイエナプランに興味があると話してみるといい」と吹きこまれたのでした。うら若き私は、それを鵜呑みにして、リヒテルズさんに懇親会の話のきっかけとして「イエナプランに興味があります!」と言うと、

「ならば、オランダに来なさい。オランダは英語が通じるから。あなた英語は? できないの? それなら、英語を勉強しなさい」

と言われたのです。私は、ポカーンとして「は、はい」としか答えられず、そんな自分自身にモヤモヤ。いま思うと主体性の無さに自分自身でも驚いてしまいます。

しかしその後、竹内さんに「リヒテルズさんが日本で講演会をする時の事務局をしないかい?」と声をかけていただき、「ぜひ!」と返事をしたことからリヒテルズさんとの長い旅が始まりました。

リヒテルズさんは、イエナプランのことだけでなく、歴史や文化、政治の背景を元に、遠くヨーロッパから日本を客観的に見つめる人でした。そして、日本に何が必要で、どんなことを考えなければならないか、自立した市民が育つためには国として何を変えていかなければならないのか、を大いに語ってくださる方でした。私にとって、リヒテルズさんとの出会いは、

オルタナティブ教育の一つであるイエナプランを学ぶ、ということではなく、人間が幸せに暮らし、生きるために、地球人として私たちはどうあるべきかを考える時間をたっぷりいただくことになりました。

リヒテルズさんとの大量のおしゃべりやメールやチャットでのやり取りで、リヒテルズさんは私の過去と未来をつなぐ視野を、驚くほど惜しみなく広げてくださいました。感謝しても感謝しきれません。

出会った頃から、リヒテルズさんにも私は「学校をつくりたい」と話していました。その時リヒテルズさんは「学校を1校つくったところで、世の中は変わらないのよね」と率直におっしゃいました。私はショックを感じたものの、その言葉の意味を考え続けることになったのです。その言葉は、「なぜ学校をつくる必要があるのか」に立ち戻るきっかけでもあったからです。

もっともっと広い世界を見る必要がある。意義のある仕事をしたいのなら、「学校をつくること」を目的にしてはいけない。あくまでも、学校をつくることで、どんなことが起きるのかを目的とする必要がある。そういうことを常に考えさせられていました。

２００４年にリヒテルズさんに出会ってから、今年で15年が経ちます。私は15年間ずっと「立ち戻る場所」をリヒテルズさんに与えてもらっている気がしています。

リヒテルズさんの言葉から、「学び方を選択できる環境をつくる」ためには、「1校増やすだけ」では確かに足りないように思えた私は、「学校をつくること」を少しだけ横に置いて考えてみることにしました。私たちに必要なのは、よいと思う教育の形を考え、実践し、子どもに届けること、広めていくこと。そして、その活動が少しでも日本の公教育に影響を及ぼしていけるようになること。とすれば、私たちにできることは、「学校をつくること」〝だけ〟ではないことはすぐに分かりました。

だからこそ、リヒテルズさんが立ち上げた「日本イエナプラン教育研究会」の事務局を引き受け、自然とリヒテルズさんの講演会の実施や、勉強をしたい人たち同士でつながることのできる場をつくることになりました。研究会には、リヒテルズさんの献身的な発信によりメンバーが少しずつ増え、「日本イエナプラン教育協会」と名称を変更することになりました。これは、リヒテルズさんの中に構想としてあった、オランダでのイエナプランの広がり方に沿った流れと近いものであり、少しずつ日本の中でもそのように広がっていけたことは大変喜ばしいことでした。

２０１３年には協会を法人化し、２０１９年現在、協会は100名以上の会員の皆さんと共に運営されており、立ち上げに関わった人たちだけでの運営ではなく、より民主的な運営ができるように初の理事選挙も行われました。私たちが、本当に少しずつ少しずつ、草の根的に活動しているのには理由がありますが、それについては後ほどまたお話ししたいと思います。流れを見れば分かるように、日本にイエナプランを伝え、広めたリヒテルズさんは、「日本のイエナプランの母」と言えます。


私はと言えば、この流れの中で、「オルタナティブ教育」に関わる人たちとのつながりもできたので、シュタイナーやモンテッソーリ、フレネ、デモクラティックスクールなどの関係者と、日本の公教育について語り合うことも増えていきました。

ある時、オルタナティブ教育関係者が集まるイベントで、こう言われました。

「イエナプランは学習指導要領内でできる（つまり公教育でもできる）というのであれば、学校に行けなくて本当に苦しみ困っている子どもたちと関わっている私たちとは違う」

この言葉は、大変ショックでした。

教育の多様性を求め集まった人たちの中から、「あなたたちには苦しみが分からないから私たちとは違う」と言われた気がしたからです。それを言った人はそんなつもりはなかったことでしょう。でも、多様性とは何か、をまた改めて考えるよいきっかけになったことは確かでした。「不登校の子のための学校をつくる」とか「公教育を否定した〝違う〟学校をつくる」という考えとのズレを感じることも多くありました。それ自体を否定する気はありませんが、「すべての人に」を考えた時、それもこれも含めて必要だ、という姿勢でいたいと強く思うようになっていきました。

だからこそ、「なぜ一条校にこだわるのか」ということとも通じてくるのだと思います。私たちは、誰もが自分に合った学び方で学ぶ権利があり、それを選択できることができてこそ民主的で平和な国ができるのではないかという考えで一致しているはずです。多様性を主張する人たち同士でぶつかったり阻害したりしている場合ではないし、むしろ、それを証明できるのは、私たちなのではないでしょうか。

とはいえ、最近はこういう「近い考えだけれども違う人たち」との対立もなくなってきているのを感じていて、それは、世の中の流れも変化してきているからだと感じています。それも、ここ数十年地道に活動をし続けた教育の多様性を求め続けた人たちの力でもあると強く思うのです。

話を少し戻したいと思うのですが、私が初めてオランダでイエナプランスクールを見学したのは、2008年のことでした。私は東京都の公立学校で講師をしながら、アメリカのPBL校に3ヶ月間みっちりと滞在させてもらうためにアバロンというチャータースクールの校長先生の家にホームステイをしていました。アメリカからリヒテルズさんとチャットで話していくうちに、「アメリカにいるならオランダにも来てみたら?」と言われ、アメリカとオランダが近いような気になり、オランダへ飛び、リヒテルズさんのご自宅でお世話になりつつ、イエナプランスクールを含めたいろいろなオルタナティブスクールを視察しました。実はこの時は、とある大学院研究者の方がリヒテルズさんに依頼した視察にご厚意でご一緒させてもらいました。

2004年にリヒテルズさんに出会い、2006年にイエナプランについて書かれたリヒテルズさんの著書（『オランダの個別教育はなぜ成功したのか――オランダ・イエナプランに学ぶ――』平凡社）をきっかけに何度か講演会やイベントの事務局をさせてもらっていたにも関わらず、初めてイエナプランスクールを見学できたのが２００８年。私がこの時感じたことは、大きく2つありました。

「リヒテルズさんの本に書かれていたことが分かってきた」ということと「イエナプランスクールの学びの環境はどこかで見たことがあるぞ」ということでした。

この「どこかで見たことがある」というのが、あの〝天狗が舞い降りた特別支援学校〟だったのです。

一人ひとりを大切にしないと子どもたちの成長をサポートすることができない環境の中で、試行錯誤して関わる大人たちと、子どもの成長を考えて設定されている環境が、オランダのイエナプランスクールとリンクしました。もちろん、オランダのイエナプランスクールは「特別支援学校」ではありません。通う子どもたちもいわゆる「障がい」を持っていると言われている子どもたちが中心なわけではありません。それでも、「一人ひとりの成長にとってよい環境や関わり方」に共通項が非常に多くあるように思えました。そして、合点がいったのです。

イエナプランのコンセプトの上では、すべての子どもたちに「特別な支援」が必要だし、それは何も「特別なこと」ではないのです。

ここだけの話ですが、私の実感としては、2004年にリヒテルズさんと出会ってから、イエナプランの概要を理解するのに5年くらいかかったという感覚があります。あの頃は、今のようにオランダ・イエナプランを撮影した動画があるわけでもなく、数少ない本を頼りに学び、リヒテルズさんの講演会では受付をして事務作業をしていると講演会が半分以上は終わっている、ということが多かったということもあります。

しかし、それとは別にリヒテルズさんと濃い対話を繰り返していたこともあるし、他の人よりも格段に学ぶ機会は多く、むしろ得をしていたとは思うのですが、それでも時間がかかった感じがするのです。

2009年に再びオランダを訪問した際に、現在日本イエナプラン教育協会の代表を務める久保礼子さんとリヒテルズさんと共に、オランダの学校現場を見ながら、いろいろ対話を繰り返す機会がありました。その時、「これは、なんとしても日本に広めなければ」と強い使命感のようなものが私の中に広がり、リヒテルズさんに帰りの空港までの車の中で「日本に帰ったら、広めるための活動をちゃんとします」と宣言しました。リヒテルズさんにしてみれば、「何を今さら？」ということだったと思うのですが、じっくりじわじわと、イエナプランのコンセプトとそれらを体現することの意義について、私の中で腹落ちするのに5年かかった、ということだったのだと思います。

それからは、先に述べたように、2010年には「日本イエナプラン教育研究会」を「日本イエナプラン教育協会」とし、リヒテルズさんと久保さんと、それまで地道に活動してきたメンバーと共に、覚悟を決めて船出したのでした。

この〝覚悟を決めた〟というのには、個人的には2つの意味があったと思います。

一つは、「〝よい教育〟というのはイエナプランだけではない」という想いがずっとあったため、一つの名前のついた教育を広める人になる、ということに違和感があり、協会の理事になるには多少覚悟が必要でした。実はその想いは今も私の中にはあります。

でも、オランダのイエナプラン関係者と話していた時に、「何も、イエナプランと言わなくたっていいんだよ」とか「それこそよいものから広く学んで、活かしていくことこそが学び続ける人であることなんだよ」と言われ、本当の意味でイエナプランのコンセプトに共感することができ、安心することができました。「イエナプランだけがよい教育だ！」と妄信的になることを誰も望んでなんかいない。それだけの懐の深さがイエナプランのコンセプトにはあります。それでも覚悟が必要だったのは、そのことさえをも伝えていく立場になる、ということへの覚悟でもあったと思います。

もう一つは、イエナプランを理解し実践する、ということは、そんなに「簡単なことではない」から、ということでした。ここで言う「簡単なことではない」というのは、「難しい」とか「できない」という意味ではなく、「時間がかかりゆっくりと涵養《かんよう》されていくものなんだ」ということです。教育は時間がかかり成果がすぐに出るものではない。それを自覚すると、長い道のりを歩み出すということを覚悟しないわけにはいきませんでした。むしろ、教育という区切りではなく、私たちが望むように生きるために、本当に大切にしたいことを大切にし守り続けるためには、時間がかかります。ありたい自分でいるためには、どうありたいのかをじっくり考え、誰かを傷つけたり失敗したりしながら、それでもお互いの幸せを目指して進んでいく。それには時間と労力と、自分自身を愛する強さが必要です。自分を愛し、他者を大切に思い、共に生きようとすることは、本当に簡単なことではありません。それでも私たちがその道を歩みはじめてしまったのは、そこに異論を持とうと思っても、持つことができなかったからではないでしょうか。むしろ、それが実現した世界を想像したら、ワクワクしかなかったのです。

誰のものでもないイエナプラン

リヒテルズさんから、繰り返し言われてきたことの一つに、「イエナプランはオープンモデルとは言っても、好き勝手やっていいということではない」ということがあります。

これは、「イエナプランはメソッドではなく、コンセプトである」という言葉の意味とも関連することですが、コンセプトを共有しそこに向かっていこうとすれば、好き勝手やることにはならない、とも言えます。でも、イエナプランを広める活動を10年ほどやってきた中で、やはりいろいろなことが起きたのも事実でした。

イエナプランを「新しい手法」と捉え、「新しいものは知っておきたい！」「独占したい！」「自分だけが知っているものにしたい！」「第一人者になりたい！」という気持ちが湧く人がいる、ということは頭では理解ができます。しかし、イエナプランのコンセプトを理解しようとすれば、イエナプランはそういうものではない、ということも分かってきます。協会としては、「イエナプランという新しいメソッドがオランダからやってきた！」というように伝わってしまうことに不安を感じ、新しい流行りものとして特定の企業や個人に独占されないように、慎重に活動をしてきた経緯があります。それでもメディアからの取材後に「オランダ発メソッド！」などと書かれてしまうことは多数ありました。

立ち上げ当初、日本での実践がどんなに未熟であったとしても、あえて「日本イエナプラン教育協会」として立ち上げたのもそのような想いからだったと私は理解しています。だからこそ、「イエナプランを名乗ってよいか」というお問い合わせをいただく度に、事務局内でも対話が繰り返されることになりました。「イエナプランを名乗る」ということはどういうことなのか。協会はイエナプランかそうでないかをジャッジするような立場にはありません。協会の仕事は、イエナプランの考え方を広め、共に学び実践しようとする人たちをつなぎ、点を面にしていくための場をつくることであって、決して権威として存在するものではありません。

組織として、その想いは継続してくることができたという自負があります。ただ、それがイエナプランを望む人たちに伝えられているかどうかはまた別の話であって、そこは非営利のボランティア団体である協会の活動として、もう少し力を入れなければならないところなのかもしれません。

ここで、簡単にはなりますが、イエナプランがどのような経緯で生まれたのかを説明しておきたいと思います。本当に簡単に説明するので、詳しくは、リヒテルズ直子さん著書「オランダの個別教育はなぜ成功したのか――オランダ・イエナプラン教育に学ぶ――」や日本イエナプラン教育協会のウェブサイトをご覧いただければと思います。

イエナプランは、ドイツのイエナ大学のペーター・ペーターゼンが1926年に、イエナ大学での教育実践について「人間の学校」として発表したのが始まりで、〝生命への畏敬〟を主に、共に生きることを学ぶ（生と学びの共同体）ことを重視し、自律的な学びや、異年齢グループでの学びの実践を積み重ねていました。

1952年にペーターゼンが亡くなった頃、オランダのスース・フロイデンタールがイエナプランを知り、オランダで広めるために尽力し、現在では２００校以上のイエナプランスクールがオランダには設立されています。その後、日本においては、２００４年以降、リヒテルズ直子さんがオランダの教育制度を日本に紹介することにとどまらず、オランダのイエナプラン教育専門家と共に、日本にオランダ・イエナプランを広める活動をされたことで少しずつ日本でも知られるところとなりました。

こうして、ペーターゼンが研究したイエナプランをつなぐ細い糸は、届けたいという熱い想いを持った人たちの力で少しずつ太く紡がれ、80年以上かけて日本に届いたとも言えます。これこそが、世界を変えていく「自立した市民」の力なのではないでしょうか。

イエナプランの話をすると、「ドイツやオランダと同じようにはできない」「日本には合わない」と言われることが多くあります。確かに、文化や歴史的背景は日本とは違います。そして、優先される価値観のようなものが違うのも分かります。

しかし、誰もがそれぞれの幸せや自由のために自ら働きかけていくことの価値は、いつでもどんな国でも、変わらないのではないでしょうか。イエナプランの広がりは、一人では細く切れそうな糸を守りたいと思っている人たちが、大きなコンセプトでつながってきたのだと今になって実感します。私もその一人であることをうれしく思いますし、大日向小学校ができたことでグッと糸の本数が増えたこともうれしく思います。そしてその糸は、本当に色とりどりなのです。

イエナプランのコンセプト

ここで、イエナプランのコンセプトについて共有したいと思います。このコンセプトに関する詳しい説明については、「イエナプラン教育　共に生きることを学ぶ学校」（ほんの木・kindle版）に詳しく書かれていますので、ぜひともお読みいただけるとうれしいです。

8つのミニマム条件は、イエナプランスクールで働く人たちが自ら振り返るための枠組みとして、スース・フロイデンタールがペーター・ペーターゼンの思想を引き継ぎ整理したものです。

8つのミニマム条件

①インクルーシブに基づく教育
②民主的で秩序ある学校
③対話の重視
④学校は経済、宗教、政治の何らかの利益に関わる道具になってはならない
⑤学校の真正性
⑥共同的で自律的秩序に基づく自由
⑦批判的思考を育てる
⑧創造の重視

また、これらを元に、フロイデンタールと共に実践に取り組んでいたケース・ボットとケース・フルーフデンヒルが以下の20の原則の原案をつくりました。20の原則は、「人間について」「社会について」「学校について」の3つに分けて書かれており、日本の各地で行われている勉強会でも、20の原則を読み、共に語り、振り返ることが行われています。

20の原則

人間について

① どんな人も、世界にたった一人しかいない人です。つまり、どの子どももどの大人も一人一人がほかの人や物によっては取り換えることのできない、かけがえのない価値を持っています。

② どの人も自分らしく成長していく権利を持っています。自分らしく成長する、

というのは、次のようなことを前提にしています。つまり、誰からも影響を受けずに独立していること、自分自身で自分の頭を使ってものごとについて判断する気持ちを持てること、創造的な態度、人と人との関係について正しいものを求めようとする姿勢です。自分らしく成長していく権利は、人種や国籍、性別、（同性愛であるとか異性愛であるなどの）その人が持っている性的な傾向、生まれついた社会的な背景、宗教や信条、または、何らかの障害を持っているかどうかなどによって絶対に左右されるものであってはなりません。

③どの人も自分らしく成長するためには、次のようなものと、その人だけにしかない特別の関係を持っています。つまり、ほかの人々との関係、自然や文化について実際に感じたり触れたりすることのできるものとの関係、また、感じたり触れたりすることはできないけれども現実であると認めるものとの関係です。

④どの人も、いつも、その人だけに独特のひとまとまりの人格を持った人間と

して受け入れられ、できる限りそれに応じて待遇され、話しかけられなければなりません。

⑤どの人も文化の担い手として、また、文化の改革者として受け入れられ、できる限りそれに応じて待遇され、話しかけられなければなりません。

社会について

⑥わたしたちはみな、それぞれの人がもっている、かけがえのない価値を尊重しあう社会を作っていかなくてはなりません。

⑦わたしたちはみな、それぞれの人の固有の性質（アイデンティティ）を伸ばすための場や、そのための刺激が与えられるような社会をつくっていかなくてはなりません。

⑧わたしたちはみな、公正と平和と建設性を高めるという立場から、人と人との間の違いやそれぞれの人が成長したり変化したりしていくことを、受け入れる社会をつくっていかなくてはなりません。

⑨わたしたちはみな、地球と世界とを大事にし、また、注意深く守っていく社会を作っていかなくてはなりません。

⑩わたしたちはみな、自然の恵みや文化の恵みを、未来に生きる人たちのために、責任を持って使うような社会を作っていかなくてはなりません。

学校について

⑪学びの場（学校）とは、そこにかかわっている人たちすべてにとって、独立した、しかも共同してつくる組織です。学びの場（学校）は、社会からの影響も受けますが、それと同時に、社会に対しても影響を与えるものです。

⑫学びの場（学校）で働く大人たちは、1から10までの原則を子どもたちの学びの出発点として仕事をします。

⑬学びの場（学校）で教えられる教育の内容は、子どもたちが実際に生きている暮らしの世界と、（知識や感情を通じて得られる）経験の世界とから、そしてまた、〈人々〉と〈社会〉の発展にとって大切な手段であると考えられる、

私たちの社会が持っている大切な文化の恵みの中から引き出されます。

⑭学びの場（学校）では、教育活動は、教育学的によく考えられた道具を用いて、教育学的によく考えられた環境を用意したうえで行います。

⑮学びの場（学校）では、教育活動は、対話・遊び・仕事（学習）・催しという4つの基本的な活動が、交互にリズミカルにあらわれるという形で行います。

⑯学びの場（学校）では、子どもたちがお互いに学びあったり助け合ったりすることができるように、年齢や発達の程度の違いのある子どもたちを慎重に検討して組み合わせたグループを作ります。

⑰学びの場（学校）では、子どもが一人でやれる遊びや学習と、グループリーダー（担任教員）が指示したり指導したりする学習とがお互いに補いあうように交互に行われます。グループリーダー（担任教員）が指示したり指導したりする学習は、特に、レベルの向上を目的としています。一人でやる学習でも、グループリーダー（担任教員）から指示や指導を受けて行う学習でも、

何よりも、子ども自身の学びへの意欲が重要な役割を果たします。

⑱学びの場（学校）では、学習の基本である、経験すること、発見すること、探究することなどとともに、ワールドオリエンテーション（※3 49頁）という活動が中心的な位置を占めます。

⑲学びの場（学校）では、子どもの行動や成績について評価をする時には、できるだけ、それぞれの子どもの成長の過程がどうであるかという観点から、また、それぞれの子ども自身と話し合いをするという形で行われます。

⑳学びの場（学校）では、何かを変えたりよりよいものにしたりする、というのは、常日頃からいつでも続けて行わなければならないことです。そのためには、実際にやってみるということと、それについてよく考えてみることとを、いつも交互に繰り返すという態度を持っていなくてはなりません。

日本で初めてのイエナプランスクールを設立するにあたって、私たちは、設立準備段階においてもこれらのコンセプトを元にして進めていくことを確認してからスタートしました。

暮らしている背景もこれまでの生き方もまったく違う人たちが集まって、イエナプランのコンセプトに惹かれたというところだけが共通点であった私たちは、学校ができるまでの道のりがどんなものになるのかまったくわからないまま準備が始まったのでした。

※1 「一条校」
学校教育法の第1条に掲げられている教育施設の種類およびその教育施設の通称。自治体に認可された学校法人が運営する学校の名称のこと。

※2 「チャータースクール」
公設民営学校のこと。アメリカ合衆国では、親や教員、地域団体などが州や学区の認可（チャーター）を受けて設ける初等中等学校で、公費によって運営されている。

※3 「ワールドオリエンテーション」
「イエナプランのハート」とも呼ばれる、私たちを取り巻く世界そのものを学ぶ、子ども自身の問いから始まる教科横断的で探究的な総合学習。

○第2章　「学校をつくる」が決まるまで

「その日」のこと

「綾さん、あの…麻さんが、何か話があるって…」

毎月1回行われていた日本イエナプラン教育協会世田谷支部の勉強会が終わり、なんとなく参加者が三々五々のんびりしている時間帯に、私は支部のメンバーに声をかけられました。

麻雅幸さんは、いつもは勉強会が終わったらすぐに帰るのに、その日は何かを待っているような様子でした。

「わかったー」と答えると、支部メンバーは「…なんか、学校をつくりたいとかって言っているんだけど！」とやや興奮気味に小声で言われ、私は麻さんの方に勢いよく振り返りました。

「うちの会社の社長が学校をつくりたいと申してまして…」と話し出す麻さん。

私はすぐに「おお！やりましょう！」と答えたのを覚えているのですが、この時の気持ちとしては、本音は（またこういう話がきたぞ。今回はどうなるかなぁ）というものでした。

それまでも、「学校をつくりたいと考えているのだがイエナプランのことを聞かせてほしい」という話は何度かいただいていました。イエナプランに限らず、「学校をつくりたい」という人たちからの声がけや相談のようなものはいくつかあったのです。もちろん、それらはすべて「コト」が始まらないままに消えていってしまっていたので、今回も、やりたい！という気持ちにまったく嘘はありませんでしたが、「やりましょう！」とすぐに答えたものの、かなり冷静でした。

その時の私は、いつでも「学校をつくる」心の準備はできていて、ただ、20代の頃からいろいろとつくるためのチャレンジをしていたけれどもうまくいかなかった、という現実もあり、誰とどのように動き出すのか、というきっかけを待っていた時でした。

麻さんは、世田谷支部の勉強会に、時々ふらりと現れ、静かにたたずみ、声をかけると保育関係とつなげて自分の意見を話してくれるという印象の人でした。いつも「私は保育士ではないのですが…」と言いながら子どもとの関わりや、大人の学びについての考えを話してくれる、ちょっと不思議な雰囲気のある人でもありました。それがこの日の話で、いろいろと麻さんの背景が見えてきたのです。

話としてはこういうことでした。

麻さんが勤める会社は株式会社グローバルキッズ。100園以上の保育園を、「子どもたちの未来のために（企業理念）」「豊かに生きる力を育てる」という保育理念の元に運営している会社でした。

「学校をつくりたい」と言っているのは、当時の社長だった中正雄一さんという方で、麻さんに声をかけられた日の数日後に協会の事務所でお会いすることになりました。実はこのスピード感も、大変心地よかったのでした。

初めてお会いした日、中正さんは、一人ひとりを大切にし、丁寧に関わった保育園から卒園した後の次の道（つまり小学校）も同じ理念のもとにつくっていきたい、ということと、信頼している麻さんから、いろいろな形の教育環境を見た中でイエナプランがよいのではないかと紹介されて興味を持ったこと、そして、グローバルキッズの理念とイエナプランはとても親和性があると感じるからこそ、学校づくりにチャレンジしたいのだということを語ってくださいました。

初めて会ったばかりの私たちの話し合いは、そんなに長い時間はかからなかった記憶があります。この日のうちに、「長野」というキーワードが出ていたほどでした。

長野で学校をつくることを目指すことになったのにもやはり理由がありました。

中正さんは、「やるからには世の中にインパクトを残したい」と何度かおっしゃっていて、そのためには、人が集中している地域で始めるのがよいのではないかという考えも持たれていました。しかし私は、そのような地域では新たに学校法人を設立することはすでに飽和状態であることもあり大変厳しいことが前例からも分かっていました。

そのため、現在の日本には閉校した学校の校舎の再利用について困っている例がたくさんあり、過去にも校舎を再利用して学校を開校した例があるという話と、新たに設立するのならば、長野県は空き校舎も多くあり、阿部守一長野県知事も多様な教育について前向きな方であること、そして何より、リヒテルズさんと私をつないでくれた竹内延彦さん（第1章参照）が、その頃長野県庁の職員をされていたこともあり、「長野ではどうか」と恐る恐る提案してみたのでした。

すると中正さんはあっけなく、「いいですねぇ」とおっしゃったのです。「あ、いいですか?」とちょっと拍子抜けしたのは私の方でした。長野は自然が多いということや、小さく着実に始めることに前向きだった中正さんの「いいですねぇ」という言葉で、私はすぐに竹内さんに連絡をとることになりました。竹内さんと中正さんをつなぎ、新宿で会うまでにも時間はかからず、以前から私が「学校をつくりたい」という想いを持っていたことを重々承知されていた竹内さんは、「長野にとってもよいことですし、候補になりそうな自治体と校舎を探しますね」とおっしゃって、すぐに動いてくださいました。

麻さんが世田谷支部の勉強会で日本イエナプラン教育協会に声をかけてくれて、中正さんに私がお会いしたのが２０１６年１月。中正さんと竹内さんが新宿で顔を合わせたのが２月。そして、４月には、私たちは長野県佐久穂町へと空き校舎の見学に来ていました。

大体、こうして話がトントン拍子で進む時は、そこに迷いや不安があるかどうかが、進み続けるかどうかの判断になります。基本的に「やってみないとわからない」と私は思っているので、進みはじめてしまうことは結構簡単なのですが、野生の勘のようなものが働いて、「これはやめた方がいい！」というような気持ちになってストップさせることも実は多いのです。でも、今回のこのプロジェクトについては、不安はあまりありませんでした。

理由は、中正さんが「やりましょう」と笑顔で言い続けてくれていたこと。竹内さんに関わってもらえたこと。そして、イエナプランスクールをつくる、という想いが一致していたことを感じていたからだと思います。

２０１６年４月25日。中正さんと麻さんと私は、佐久穂町に初めて訪れました。佐久穂町役場の方々に案内されて、３つの空き校舎を見学させていただいたのですが、のちに大日向小学校となる旧佐久東小学校の校舎は、「一番のオススメです」と言われて最初に見学することとなりました。

その日の佐久穂町は暖かく、東京から考えると１ヶ月遅い桜が満開で、豊かな自然が目の前に広がっていました。旧佐久東小学校の校門を抜けるとすぐに「なんとも言えないお顔の二宮金次郎像」が目に入ります。校歌の歌詞が書かれている石碑も見えます。４年前に閉校してから、ここにあり続けていた学校の一部を見て、（もしこの校舎で学校をつくらせてもらえるならば、あれもこれも全部残したい）と思っていた私がいました。

校舎の中に入ると、「廃校」という言葉のイメージからは想像ができなかった、木の温もりをふんだんに感じるつくりに感動しました。体育館や「ぬくい室」という教室２つ分の広さの多目的室、隣接した保育園の園舎を見て、「催しはここでやれるなぁ」などとつぶやいたり、理科室の天井が半円球の形に凹んでいるのを見て興奮したり、妙に立派なライトの付いている放送室に、インターネットラジオとかできたりするかも!? などと妄想がふくらんだり。

そして、とにかくすべての教室の窓から見える景色が美しく、「自然の中で学ぶ」という条件は一発でクリアしていました。

校舎の見学を終え、校庭に出てきて「いやぁ、いい校舎ですねぇ」とみんなで感想を言い合っているところに、咲き誇っている桜が、ふわぁぁっと吹いた風と共に花びらを舞い降らせ、中正さんを包みこみました。その光景を見た時に、私は、学校が迎え入れてくれたように感じ、その美しさに

「うわぁぁぁ！ きれいだぁ！」

と大きな声をあげてしまいました。あのシーンは、今も忘れられない「佐久穂町のイメージ」として残っています。

私たちは、その後もいくつかの自治体をめぐり、いくつかの校舎を見学させてもらったのですが、最初に出会ったあの校舎が一番よかったね、という意見で一致したのでした。

竹内さんが私たちに紹介してくれた空き校舎を抱える長野県内の自治体は、すべて「自然が豊かな地域」ということの他に「東京からのアクセスがよい」ということも考慮してくださっていました。長野に新たに学校を設立するならば、やはり、「移住」や「寮」ということは意識せざるを得ませんでした。だからこそ、児童募集のことを考えれば、都心から興味を持ってくれる人たちも、通うことを決断できることは大事な要素でした。

空き校舎があるということは、子どもが減っている地域ということです。事実は事実として向き合う必要があり、長野で本当に学校をつくることにチャレンジするのであれば、そこは大きな課題になることはわかっていました。

それを理解している佐久穂町役場の方々は、「平成30年には佐久穂町まで高速道路が開通しますから、佐久平からのアクセスもかなりよくなります！」といろいろとアピールしてくれていました。そしてその便利さは、開通後に私たちも感じるところとなります。

それだけ、人口がじわじわと減ってきている町の空き校舎を選択するということは、ただ「素敵な校舎だから決定！」ということではないことを、頭では分かっていたつもりでしたし、そういうことを話題にしながら私たちも帰路にはつきましたが、「その課題をクリアするために何をする必要があるのか」というところまでを、その時はまだ考えきれてはいなかったと思います。

まずは、素敵な校舎と豊かな自然に、鼻の穴を大きくしながら興奮していました。そしてその校舎のお値段（正確には土地の値段）が、想像していたよりも安かったことも、私たちの背中を押してくれていました。

とはいえ、私たちが佐久穂町役場に「学校という用途で使用するために購入させていただきたい」と連絡をしたのは、それから約６ヶ月後の２０１６年10月20日でした。一番いい校舎は手に入るわけがない。と思いこんでいたことや、最初に見た校舎が一番いい、と思えるためには、やっぱり他の校舎や他の土地も見て、時間をかけて検討しなければ前進することは難しかったのも事実だったからです。

だって、最初に出会った場所が一番いい、だなんてすぐには思えなかったのです。「ビビビ！ときた！」というのは、やっぱりそれまでの経験や慎重さや熟考があっての上なのだと思います。まぁ、最初の勘が当たってよかったとも言えるのかもしれません。

誰のものでもないイエナプラン再び

「イエナプランスクールをつくりたいと言っている出資者が現れたぞー！」ということを、私は中正さんと初めてお会いした日に日本イエナプラン教育協会の事務局メンバーに伝えました。

この、事務局メンバーに共有した時の私自身を、今はあまり思い出したくないのだけれども、正直に書こうと思います。

簡単に言うと、「私は、学校をつくる事業に本気で関わろうと思います。皆さんは本気で関わりますか」という質問を事務局メンバーに投げかけたのです。いきなり。

キーワードは、もうお分かりのように「本気で」ってことだと思うのですが、私としては、大学時代から思っていた「学校をつくる」ということに、やっと取りかかることができそうなチャンスがやってきた！ということで、フガフガ興奮していたわけです。

そんなつもりは到底なかったけれども、その私のフガフガは、事務局メンバーには「本気な奴だけ参加しろ」と聞こえる伝わり方になってしまいました。今思い出しても恥ずかしいお話です。

協会の代表理事の久保さんは、そんな私のせいで、「これはもう決まっていることなのか？東京で関われる人だけでやるということなのか？　はたまた、中川さんの事業なのか？」と混乱する羽目になります。そりゃそうですよね。「本気ってなんだ。おい、中川、肩の力を抜けよ」とあの頃の自分に言ってあげたいです。

日本イエナプラン教育協会は、事務局は非営利ボランティアで活動運営している団体です。これを書いている2019年8月現在も変わりありません。つまり、ボランティアで、ライフワークとして、イエナプラン教育を日本に広め、学びの場をつくり、学びたい人たちをつなぐ活動をスタッフ全員無給でやっている中で、急に「学校をつくる」という話が出てきて、「誰が？」「どうやって？」「そんな労力これ以上かけられるの？」という想いが噴出したのも感じました。

その時の私と言えばどうかしていたので、そんな風に言うことはありませんでしたが「お金の問題とかじゃなくて、やりたいかやりたくないかだ！」という気持ちで話していたのだと思います。

というのも、私は「絶対に」やりたかったから。でも、一人では学校はつくれないし、協会と共につくらないと「絶対に」意味がないと思って焦っていたのです。

協会はボランティア団体。強制はできない。でもやりたい。だけど私一人では協会が共に学校をつくることを決めることは当然できない。モヤモヤモヤモヤ。

もちろん、事務局メンバーもモヤモヤモヤモヤ。


事務局メンバーは、「やりたいけど今の自分の生活を考えるとできない。だけど、できることはする」というのが一番多い意見でした。

それは、十分前向きなものだったと思います。なのに、私は、「私だけが関わるんじゃ意味がない」と鼻息を荒くしていました。ああ、思い出すだけで恥ずかしい。穴があったら入りたい。

この時は、代表の久保さんと何時間も電話で話し、メールやグループウェアでやり取りをし、お互いの気持ちを整理することに本当にたくさんの時間をかけました。

「本気で関わる」とは、関わる時間やお金の話ではなく、シンプルに「イエナプランの学校をつくることに関わりたいと思っているか」ということなのですが、「学校をつくる」ということは、そんなに簡単なことではないし、やっぱり「本気で」関わらないと学校はできない。と私は強く思っていました。でも、それが久保さんには、「時間をかけられない人は関わらなくていい」と聞こえてしまったゆえに、私たちは何時間も対話を積み重ねることになりました。そしてそれは、私と久保さんの関係がグッと濃くなるよいきっかけにもなったのでした。

「イエナプランを日本に広める」ということは協会の活動に関わるみんなにとって、わかりやすい目的です。でも、学校をつくる、という具体的なものになると少し違ってきます。学校をつくることは「目的」にはならないからなのです。

日本にイエナプランのコンセプトを知る人が増え、実践する人が増え、日本の公教育の変化に寄与することが、協会が存在する目的だとすると、学校をつくることはやはり、通過点にすぎません。

…ということを、久保さんとじっくり話すことで、久保さんが協会の代表として関わる意義について改めて確認することができ、確信となっていきました。そしてこの時期に、「イエナプランは誰のものでもない」ということについてもかなり話し合うことになります。

話は少し現実的な話になります。多分、これから書くことは、「こういうことを聞きたかった！」という人も多いのではないでしょうか。

現在日本で、一条校である私立学校をつくるためには、お金がなければなりません。地方自治体にもよりますが、長野県の場合には、設立するためには学校設立申請の段階で、学校設立までの準備期間半年分と学校開校後半年分に必要となる運営費を現金で所有していることを証明しなければならないという条件があります。大日向小学校の場合はそれは1億円以上に当たる額でした。約1年分の活動費だけあることを証明すればよいのなら、それはそんなに難しくないと感じる人も少なくないでしょう。ですが、本当に運営していけるか、という現実的なことを考えれば、当然準備しておかなければならない金額は増えていきます。中正さんは、準備含めて6年分のお金は用意する、と最初に約束してくれました。

これは、逆に言えば、それくらいの資金がなければ学校をつくることは難しいという現実があるということです。もちろん、多数の資産家からお金を集めて学校をつくった例もあるし、決して一人の資産家だけが負担しなければならない訳ではないですが、とにかく、お金がなければ始まらないのです。

実際、20代から学校をつくりたかった私が、それまでつくることができなかった一番大きな理由が、お金をどう集めるのか、ということでした。

そう考えると、中正さんは、「そろそろイエナプランのモデル校が日本にも必要だ」と考えはじめていた日本イエナプラン教育協会にとっても、エンジェルだったと言っても過言ではありません。

エンジェルがいないと、学校はできない。

だけど、イエナプランが〝誰かのもの〟にならないように活動することも協会の役割。つまり、中正さんがイエナプランを独占するようなことはあってはならないことだったし、協会がイエナプランを独占することもあってはならないことでした。

これは、私たちにとっては、思った以上にとてもセンシティブな話で、イエナプランスクールをつくりたいと言ってくれているエンジェルに、「中正さんはイエナプランを独占することはできませんよ」ということを伝えなければならないし、「協会が買収された」などと世間や会員の皆さんに思われてしまうようなことにならないように本当に気をつけなければならないことだったのです。

ただ、中正さんは自分の名前を世に残したいとか、目立ちたい、とか、イエナプランを自分のものにしたい、とかそういう気持ちがまったく見えない人でした。

それは時々、「イエナプランのことを本当によいと思っているの?」と不安になるくらいのものだったし、こんなにたくさんのお金を出すというのに、なんでこの人はそういう独占欲のようなものが見えてこないのだろうという想いを私は巡らせていました。

互いに互いが何を考えているのかを理解し合うまでには、やはり時間がかかり、この「センシティブな話」については、学校設立準備財団が設立してからもしばらく続いたのでした。

設立者・中正雄一さんの想い

中正さんが学校をつくりたいと思ったのは、やはり、保育園を始めたことがきっかけだったそうです。もともと「学校で学ぶ」年代の子どもに関わりたいと思っていて、一人ひとりと丁寧に大切に関わることを、現場の保育士さんたちに教えてもらったと言います。園児はみんな発達がそれぞれ違うので、丁寧に関わるのが当然のこと。でも、小学校1年生になった途端に先生が一人で一度に大勢を見るシステムになり、子どもを真ん中に置いていない感じがした中正さんは、保育園で学んだことをもとに、一人ひとりに合わせた小学校をつくりたい、と思うようになりました。

一人ひとりを大切にしながら、仲間を大切にして生きていける。大人になった時に自分というものを持って世の中に貢献できる人になってほしい。学校に子どもを合わせるのではなくて、子どもに合わせる学校をつくりたい。そう思ったそうです。

そもそも、中正さん自身の人生も、世間体や社会に合わせた生き方を強いられたり、家業を継がなければならない実情と、自分で判断しなければならないことのギャップに悩んで、学校に行きたくなくなったことがあったと聞きました。

いい会社に入ることが幸せな人生だ、という考えに共感できず、保育業界にきて、子どもの現実に合わせていくことが大事だと気がついた、というのです。

中正さんが学校に行きたくなくなった理由は、「負けん気が強かったので、人を蹴落としてでも、一番にならなきゃいけないと思っていた上に、真面目だったので、大人のいうことは聞くものだと思っていた」ということや、「教員が期待することに答えなければならないと思い、しんどくなった」ということだったそうです。

完璧な自分でいなければならないと思い、思っていたこととずれると自分を責めるようになり、毎日自分で決めた「決め事」からずれることを恐れ、同じことを繰り返ししないと嫌だったと言う話を聞き、今の中正さんからは想像もできないと私は感じました。

そうして自分で自分にノルマを課すから辛くて、中学に行きたくなくなり、でも、行かなければまた自分を責めて…を繰り返した経験を経て、高校時代に出会ったアメフトの友人たちが、決まりはありながらも動きやすく、「自由でオープン」であったことに憧れたと言います。そうして中正さんは「自分にとって居心地がよく、無理をせず自分らしくいられる状況が大事だ」と思うようになりました。

今の大日向小学校の様子を見て思うことは、「決められたことをやるのは得意だったけど、創意工夫は苦手な自分。もし、自分が小学生時代に大日向小学校のような学校に通っていたら、もっと楽に生きていられたのではないか」ということだそうです。

イエナプランのコンセプトの中でも、「自己決定していく」ということや「大人が介入しすぎないこと」に共感していると話してくれました。

児童募集が始まるまでは、少しだけ不安があって、もっと「未来像がはっきり見える売り」のようなものがないと保護者の皆さんに伝わらないのではないか、と思っていた「弱い自分がいた」とのことでした。初年度に70名の児童が入学を希望してくれたことで、「本質をしっかり追えばよい」と思えたと言います。

小学校をつくる、と言っても、中正さんがいろんな関係者と共に丁寧に進めていかないと開校を迎えられなかったと感じたのも、中学時代に「自分の力は小さなものだ」と感じたことから、「一人じゃできないのだから、やりたいという人のことを信じ、想いのある人たちの力を借りて、実現したいことができる世の中がよい」という考えを持っていたからゆえだったそうです。

「その人がやれる、と思っているのならば、その人を通して実現できると思う。信じた方が楽。裏切られたとしたら、そこには何かしら理由がある」という中正さんの根底にある想いは、言葉は少なくとも他者を信じる彼のリーダーシップに通じています。

学校設立準備の準備

「学校をつくりたいと思っている人」と一括りで言っても、それぞれにいろいろな「つくる」のイメージがあると思います。

理想の教育を語る人。恵まれた環境をイメージする人。幸せそうな子どもたちが集まっている様子を想像する人。自分が働いていることを妄想する人。自分が仕切って旗振りをしたいと思っている人。本当にみんな違います。

だからこそ、「今回の」学校をつくる、ということに対して、私たちが「どんなことをイメージするのか」を整理するのが私の仕事だったと今は分かります。

やらなければならないことの整理だけではなくて、なぜそれをやらなければならないのか、それはどこにつながっていくのか、などを一緒につくる人たちに伝えることが最初にやらなければならないことでした。

どんなプロジェクトを始めるにあたっても「WHY（なぜ）」を伝えることは重要なことですが、学校をつくるということは、私にとっても初めてのことであり、関係者のうち、誰も経験したことの無いチャレンジだったので、いろいろなことや人、環境から学ぶ必要がありました。

私が「学校設立準備の準備」の段階でしなければならないと思ったことは、大体次のようなことでした（やっと「あたらしい小学校のつくりかた」の本らしくなってきましたね）。

①実際に学校をつくったことのある人の経験を知る。

これは、私が学校をつくりたいと思いはじめた20代の頃からずっと続けてきていたことですが、実際につくったことのある人たちに話を聞き、それらが書かれた書物を読む、ということの積み重ねは、やっぱり意味がありました。

特に、失敗例を知っておくと、最初から避けられることも増えます。例えば、私たちが他者の過去の経験から学び、最初に捨てる決断ができたことは、「東京に設立することへのこだわり」でした。過去に、大変なお金持ちが東京都に設立申請をしても新しい学校法人を設立できないからと断念した、という事例がありました。そのおかげで、検討する時間をかけ過ぎることなく、前に進むことができたと思います。

それでもやはり、過去の知見だけ知っていれば困らない、なんてことは絶対にありません。それこそまさに、「ホンモノから学ぶ」です。目の前で起きていることに、自分たちが本当に譲ることのできないこだわりを持って関わることが重要だと思っています。

②事務的な手続きで必要なことと行政のルールを知る。

初等中等教育の学校設立申請は都道府県に提出します。行政で決められたルールは、一般人には変えたり交渉したりすることができないことがほとんどですから、知っていれば不用意につまずかないようにすることができます。ただ、暗黙の「行政ルール」もあるので、提出先の行政の方々に、率直に質問を投げかけながら、いろいろと教えていただける人を見つけて相談するのが近道です。私たちの場合は、長野県の方々、そして佐久穂町、佐久市の方々には本当にたくさんのことを教えていただきました。

また、設立のための審議をする〝私学審議会〟の役割と、過去の審議内容を議事録などで読んでおくことも意味があると思います。

設立申請前や申請中に、何をしたらよくて、何をしてはいけないのか、しつこいかなと思いながらも絶対に確認をしておいた方がよいです。私立学校設立の経験があまりない地域もありますし、途中で担当の方が変わることもあるので、誰にどのように言われたかしっかりメモして覚えておくことも大切です。私たちも、児童募集の時期について情報が交錯し、一歩間違えればルール違反をしてしまっていたかもしれないということがあったので、慎重過ぎるくらい丁寧に進めることをおすすめします。

③地域にとっての「学校」の存在意義や、地域の人たちが望んでいることを知る。

学校をつくりたいと考えている方の多くは、すでにご自身が愛着のある地域に学校を設立したいと考えているのではないでしょうか。私たちのようにまったくつながりのなかった地域につくりたい、と思うことの方が稀かもしれません。しかし、これからはそういう方々も増えてくるのではないかと思います。学校を設立したいと思える地域を見つけたら、その地域の歴史的背景や、地域の方々にとって「学校」がどんな存在なのかを知ることはとても基本的なことだと思います。どんな文化を大切にし、その地域の子どもたちは何をどのように学んでいるのかを知ることと、子どもたちの学びの環境にその地域の大人がどのように関わっているかを知ることも重要です。

私たちの場合は特に、新しく「イエナプラン」というカタカナの名前がつく学校がやってくるらしいぞ！という気持ちにさせてしまったと思います。

その説明を丁寧にしながら、私たちについてどのように感じているかを自然な形で聞かせていただくことが必要でした。そのためには、私たち自身が地域に出て行って、少しでも多くの方と対話を重ねることができる関係性をつくることが最重要事項でした。

④できること、できないこと、したいこと、したくないことを整理する。

保護者の方々や地域の方々の要望や期待を知ると、それに応えたくなります。その想いは当然で素敵なことです。しかし「学校は何を実現するためにつくられ、それは保護者や地域の人にとってもよいものとなることができるのか」という問いは常に持ち続ける必要があります。期待には応えたい。だけれども、イエナプランスクールとしてのこだわりや、守りたいことから外れてしまったらそれは本末転倒です。頑として譲れないことを持ち続けることも同時に求められているのを感じました。

例えば、「全寮制にしてほしい」という入学を希望する保護者の声には、「私たちは小学生のうちには特に、家族と離れて子どもたちだけで過ごすことを望んでいません」と言い続けました。それは、全寮制の学校を否定していることとはまったく違います。私たちがなぜ学校をつくるのかを考えた時に、これだけは譲れない、というだけのことなのです。

しかし、それをやり過ぎると「排他的」になる可能性も高まります。関わる人すべてにとって、少しでも心地よくて、必要だと感じられる、「最適解」を見つけていくためには、「柔軟性と頑固さ」の両方がないと、「あたらしい学校」をつくることはできないのだと思います。

⑤必ず実現させる。と決める。

夢を語りながらも、夢物語で終わらせてはならない。理想は、現実にしていかなければ意味がない。そういう気持ちがとても強まっていったのには理由があります。

私たちは、立場上、長野県から認可がおりるまでは、「学校ができます」と言いきることは絶対にしてはなりませんでした。開校の可否について審議されている立場だったからです。なので、「できるかどうかはまだ決まっていません」と何度も繰り返しお伝えしなければならない状況でした。そのような私たちの言動は、佐久穂町の人たちや、説明会などにいらした保護者の皆さんをかなり不安にさせていたと思います。そんな中でも、私たちが「学校ができる」と言えない立場にあることを多くの方々が理解してくださったことには、心からの感謝しかありません。私たちは、説明会でも、地域の方々とのミーティングでも枕言葉のように「いやぁ、できるかどうかまだ決まっていませんが…」と言い続けていたということです。

だからこそ、絶対に、実現させなければなりませんでした。

そして、そういう状況の中でできることは、体験会（季節のがっこう）でも、地域との交流会でも、ワークショップでも、「自らが言ったことを実現させ、小さな成功体験を積み重ねていくことで、信頼関係をつくる」という方法しかありませんでした。

実は、旧佐久東小学校の校舎を使用して行った初めての体験会（季節のがっこう）が終わった後、「あの会は失敗だったと思う」とある地域の方に言われ、本当に眠れなくなるくらい落ちこんでしまったことがありました。理由は、参加した保護者の皆さんに、予定では手伝ってもらうはずだったことがうまく伝わらず、手伝ってくださった地域の方に大きな負担をかけてしまったという出来事が起きたからでした。不甲斐ない自分、視野の狭かった自分が悔しくて、次こそはその点をクリアにして実施しようと心に決めました。

私は、率直に改善点を伝えてくださった地域の方々に感謝しました。あの時、「失敗だった」と言ってもらえたことは、「自分が言ったことは必ず実現させることで信頼関係ができる」ということを身をもって学ばさせていただけたからです。

⑥何度も何度も繰り返し伝えること。

それは2018年7月の夕方、大日向地域の方に、学校の広報用パンフレットにご本人の写真を使用させていただいてもよいか、というご相談に上がった時のお話です。ご自宅が留守だったため、きっと畑にいるのだろうと向かったところ、スズメ除けの網を畑にかぶせる作業をご夫婦でされていたので、お手伝いをさせてもらいました。

その頃の私は、「新しい学校ができることについて、地域の人たちは本当はどう思っているのだろうか」とか「嫌だな、と思っている人とか、違和感を持っている人とかもいるのではないか」など、まだ顔見知りになれていない地域の方々がたくさんいることについて不安になっていました。網を一緒にかける作業をしながら、奥様に少しそういう気持ちを吐露しつつ、「それでも本当に、佐久穂町に関わることができてよかった、って何度も思うんです」と話していると、

「そう思うなら、何度もそれを伝えたらいいのよ。もうこの地域は、私たちの代になってきたし、昔はもっといろいろ言う人がいたかもしれないけれど、繰り返し繰り返し、どんなこと

があっても、失敗しても、悪かったと思った時には謝りながら、私はこういう人ですって何度も伝えればいいの。そうしながら、信じることをやっちゃえばいいの」

とキッパリと、でも、優しく言っていただいたのです。「ここにいていいから、全力でやりなさい」と気合いをパン！と入れられたような気持ちになりました。

この言葉のお陰で、「諦めることなく伝え続けることは、自分の強みの一つだったじゃないか。そうか、その繰り返しでいいんだ」と思い直すことができたのでした。

「設立準備財団」をつくる

実際に学校をつくるためには、「学校法人の設立」と「私立小学校の設置」の両方を同時に長野県に申請する必要がありました。つまり、申請のための作業と、設立後の学校法人への引き継ぎのための作業が「学校設立準備」と言えるわけです。

もちろん、その準備を進めるにあたって実際にお金も動くし、法人格が必要であったため、私たちは2017年3月27日に「一般財団法人」を設立することになりました。

「佐久穂町イエナプランスクール設立準備財団」という長い名前になったのには、まだ学校名も決まっておらず、「イエナプランスクールを佐久穂町に設立することを目指す組織である」ということが分かりやすいからではありましたが、やはりちょっと名称は長過ぎたな、と思っています。実際、佐久穂町の人たちも「イエナさん」と私たちのことを呼んでいました。

一般財団法人を設立するにあたって、最初、理事は最小人数の3名がよいと中正さんは言いました。人数が少ない方が決定が早いからという理由でしたが、これは後々変更されることになります。

3人の理事とは、中正さんと麻さんと私でした。その中でも、代表理事を誰がやるのか、ということについては、以下のようなやり取りがされました。

私は、出資者である中正さんが代表になるのが筋だろうと思っていましたが、グローバルキッズの代表でもある中正さんが財団の代表になることで関係各所に不要な誤解を与えてしまうことも考え、控えることになりました。そして、「代表は女性の方がよいでしょう」の一言で、私がやることになりました。

「女性だから」という理由で代表理事になることに違和感があったので、私なりに、イエナプラン教育の普及に長年関わってきたこともあったから、ということで納得することにしました。本当は私、代表という器ではないのです。

「理事は3人」というのは、確かに、結論が早く出るように感じるかもしれません。しかし、実際に始まってみると、中正さんと麻さんは本業で大変忙しく、あまり対話をする時間が取れませんでした。私はまだ出会って間もなかったのもあり、気を使ってしまい、前に私が出てはいけないのではないか、ということも考えていきました。しかし、時間は過ぎていき、誰がどのように進めていけば事が動くのかが分からず、このままでは〝また〟話が立ち消えになってしまうのではないか、という焦りが私には出てきたのです。そこで、勇気を出して、中正さんと麻さんに、「長野県の私学課に、私から連絡を取って情報をもらってもよいでしょうか」と確認をしたところ、「どうぞどうぞ」と言われたことで、少し安心して「手を動かす」ことができるようになりました。

つまり、どういうことかというと、「最初の3人」の役割が単純に曖昧だった、ということでした。私は、「協会の人」としてイエナプランスクールの「中身」について考える人として関わればよいのか、それとも「学校設立ための具体的な方向性を決める人」としても関わってよいのかが最初よく分からず、恐る恐る手を挙げたという感覚でした。

並行して、校長候補になる人と、事務方を一緒にやってもらえる人を中正さんや麻さんに紹介することも進めました。校長に就任するにあたっては、やはりイエナプランのコンセプトに共感し、〝すでに実践をしている人〟がよいと考えていたので、2012年に共にオランダでイエナプランの研修を受け、公立学校の教室で実践をしていた桑原昌之さんにお願いしました。

また、事務方を担ってくれる人は、協会の世田谷支部などで共にイエナプランについて学び、2018年9月からスタートする予定だったイエナプラン教育専門教諭の資格を取得できる日蘭アカデミーという研修に参加すると決めていた、原田友美さんに声をかけさせていただきました。二人とも、二つ返事で「ぜひ」と言ってくれたこともあり、すぐに中正さんと麻さんにも会っていただくことになりました。それが、2017年1月のことです。原田さんは財団設立当初から財団メンバーとして働き、桑原さんは2018年3月まで公立学校に勤め、開校1年前となる2018年4月から正式に学校設立準備財団の所属となりました。

2018年9月には改めて理事を5名に増やすことになり、元々の3人に加え、桑原さんと、それまでいくつかの組織を私と共に運営してきていた、ファシリテーターの長尾彰さんにもお願いしました。また、2018年11月には、佐久穂町に拠点を置き、地域の方々の近くで関係づくりに従事してくれる人の必要性を感じ、東北での復興支援団体で共に活動してきた塚原諒さんにも加わってもらいました。彼は教員ではないものの、復興支援活動の時に地域の方々とのつながりをどのようにつくればよいか、どうしたら連携できるのかなど、あうんの呼吸でやり取りできる人だったので、佐久穂町に移住してもらい、メンバーに加わることになりました。

組織に関わってくださったすべての方について、どのような流れで加わっていただいたかを伝えようとするときりがないのでこのあたりで止めますが、共に学校をつくる仲間は少しずつ増えていきました。メンバーそれぞれが信頼した人に声をかけ、毎月1回行われていたミーティングに参加する人も増え、理事会以外に「審議会」と名付けた、実質設立準備に関わる人々が集まるミーティングが行われるようになり、2018年の12月には、総勢15名ほどになっていました。
最初は3名だと決断が早くなるから、と言っていたものが、やはりそうはいかなくなっていったのは、「学校はみんなでつくるもの」という考えにも通ずるように思います。具体的には、理事の他に、評議員3名、監事1名、弁護士1名、アドバイザー2名の方々が審議会に参加しました。

とはいえ、やはり人数が増えると難しくなることも多くありました。なぜなら、私自身のこだわりとして、組織運営の形を「熟議制民主主義」に則って行うものにしたかったからです。役職や年齢に関わらず、関わっている一人ひとりが自立的に自分の意見を表明し、第二第三の案を生み出し、よりよい決定をしていけるような組織にしたいと考えていました。理由としては、それがイエナプランで大切にされているコンセプトの一つでもあるということ。そして何より、私自身がそういう形の組織運営を、東日本大震災の復興支援活動の団体で経験していた、ということが大きかったと思います。

その復興支援団体は、誰か一人によるトップダウンで決めなくても、時間はかかれど、メンバー一人ひとりが主体的に関わり、それぞれが「できることをできる限りやる」ことを推奨し、「できない時にはできないと言えば誰かが助ける」ことができる組織でした。

しかし、そのような組織になるまでには、時間をかけて対話をし、喧々諤々、すったもんだし、それぞれが決断し実行しなければいけないような「事」が繰り返されたということを私はすっかり忘れていました。なので、あらゆる情報をオープンにし、率直に意見をぶつけ合い、やるべきだと判断したことについて共有しながら実行していく、ということをすれば「そういう組織」になれると思ってしまっていたのです。なので、あえて（わざと）ぶつかり合うような場面をつくってしまったこともありました…（大いなる勘違いです）。

私たちの唯一の共通点は「イエナプランのコンセプトに共感している」ということでした。しかし、それぞれの働き方や時間感覚や価値観を共有しきれていないまま、学校をつくることが決まり、設立準備財団という箱をつくり…。例えるならば、出会って数日で、「私たちうまくいきそうだよね！」と盛り上がり結婚してしまった！というような感覚でしょうか。

現実には、誰も浮き足立っている人はいなかったのですが、とにかく私たちはお互いをほとんど知りませんでした。

お恥ずかしいことに私は、「チームをつくる」ことを生業にしているファシリテーターです。なのに、一人で空回り、意見の対立はよい組織をつくると焦り、「和を大切にしたい」と言う中正さんと、「十分に意見の対立をした先に和があるんだ」と考える私の間で、

「中川さんは焦っているとみんなが言っています」

「だって、時間があまりないのにそんなにのんびりはしていられないです。というか、みんなって誰ですか?」

「麻さんと僕です」

「わかりました。〃みんな〃ではなく、お二人がそう思っているということですね?」

というようなやり取りまで起きました。

よくもまぁ、穏やかな中正さんと、こんなにも「感じの悪い」やり取りができたものです。

しかし、今振り返ってみれば、こうなるのは当然だったとも思います。

理事3人がギクシャクしていれば、他のメンバーにもその不安は広がるし、いいことは何もありません。3人共に苦しかった時期だったと思います。繰り返しますが、私は一応、「チームをつくる」を生業にしているファシリテーターなので、この現実に(遅いけれども)反省し、

一から仕切り直そうと決めました。言い訳すると、自分が当事者になるとファシリテーションは難しいのです…。というか私が未熟なだけなのですが、大変よい勉強になりました。

私の不安は、相談しても返答がなかなかもらえないこと。私自身が本当に動いてもいいのかわからなかったこと。の2点でした。それは、それぞれの「働き方」の違いを理解し合えていないことが原因だということは段々分かってきていたため、それを解消するために、「毎週1回、30分でいいから理事のみで話す時間が欲しい」とお願いすることで、少しずつ対話の量を増やすことができるようになりました。

そして、私がなぜ「焦って」いるのか、ということについて、図に整理して中正さんに説明もしました。こんなシンプルなことで、中正さんは、「そういうことだったんですね。なぜ中川さんが焦っているのかがよく分かりました。これは大変だ」とストンと受け止めてくれたのです。

ああ、なんてことだ。ビジネスの、いや、組織づくりの基本。

何が職業的組織開発ファシリテーターだ。

「イエナプランのコンセプトに共感している」は、スタートにしかすぎません。共感し合えているからと言って、すべてを理解している訳では当然ないし、言わなくても分かる、なんてことは絶対にありません。

もちろん、そんな風に簡単に考えていた訳ではないですが、目の前のやるべきことに目が向いて、「WHY」の確認をおろそかにしていたという、大変よい（悪い？）事例でした。

ああ、恥ずかしい。恥ずかしいけれど、隠さずに書き残します。なぜなら、こういうことは、コンセプトを大事にするイエナプランスクールでも起き得ることだと思うからです。

私は組織の全体を見ているのにも関わらず、見えていることを上手に共有できずに、誰も分かってくれないと嘆き、全部自分でやらねばならぬと焦っていました。

一方、中正さんは、何をそんなに焦ってわざわざ和を乱しているのかと、不思議に思っていました。お互いが見ている景色が違うことに気がつくのに少しだけ労力がかかった。というお話です。

実際には、こういう出来事は学校設立までに、数回起きました。でも、私たちは、その度に対話とユーモアで乗り越えていけた気がします。関西出身の中正さんは、笑いで何度も私を救ってくれました。

「私たちが目指すこと」を言語化する

設立準備財団という「箱」ができ、最初にしたかったことは、私たちが存在する「目的」を言語化することでした。

私や長尾彰さんは、組織の「目的（WHY）」を言語化する仕事もしていたので、財団でも理事、評議員、リヒテルズさんと共に、目的を言語化するためのワークショップを実施しました。私たちが行った大まかな流れは以下の通りです。

①「私はなぜイエナプランスクールを設立したいのか」という個々人の想いを共有する。
（可能であれば、その文章の中からキーワードを3つ程度書き出す）

②「私たちが（他の学校や組織と比べて）ユニークだ」と思うことをそれぞれ書き出す。

③「私たちが対象とする人たち（児童・保護者・地域住民など）が抱えている困難や葛藤は何か」を書き出す。
（対象とする人を明記し、その人たちが抱えている外的または内的な葛藤を想像する）

④私たちが学校を設立する目的を明文化して、すべての人たちに向けた「約束」を明確にする。

これらの流れに、1ヶ月という時間をかけました。互いの文章を読み合い、誰がどんなことを大切に思っているかを理解し、たくさんの言葉を紡いだことで、整理された文章は「設立趣意」として形になりました。

佐久穂町イエナプランスクール設立準備財団・設立趣意

私たちは、「誰もが、豊かに、そして幸せに生きることのできる世界をつくる」ことを目的とする法人を設立します。

私たちの考える「誰もが、豊かに、そして幸せに生きることのできる世界」とは、すべての人が「個」として大切にされ、それぞれの違いを認め合い、互いに協働的につながることで世界にも関わろうとする、自由と責任のある共同体です。

この目的を達成するために、私たちは学校を設立し、学校そのものが理想の共同体であろうとすることを目指します。

なぜなら、そうした共同体の一員となって学んだ子どもたちこそが、豊かで幸せに生きることができる世界をつくると、私たちは信じているからです。

これらを実現するために、私たちはあらゆる人に次の約束をします。

1　目の前の子どもたち一人一人の実態からすべてを始めること
2　自分自身を認め、受け入れ、大切にすること
3　一人一人が尊重され、自由を得て、同時に責任を果たすことのできる場をつくること
4　常に学び続け、繰り返し挑戦すること
5　広く多様な人たちと協働し、設立目的を達成するための共同体を維持すること

私たちは、多様な背景を持ち、好奇心が旺盛で、やると決めたら必ずやり遂げます。
そして、多様な価値観や経験を持つからこそ、イエナプラン教育のコンセプトに共感します。

イエナプラン教育では、「コア・クオリティ」として以下のことを目指しています。

自分自身との関係

1・1 子どもたちは自分の長所と短所を自覚し、自分の特性を活かしながら努力する。

1・2 子どもたちは自分の成長と発達を元に評価される。

1・3　子どもたちは何を学びたいか、何を学ばなければならないか、いつ説明が必要か、どのように学習を計画しなければならないかについて、自分自身で責任を持つことを学ぶ。

1・4　子どもたちは自分の発達に対してリフレクション（振り返って見直すこと）を学ぶ。またそれについて他の人と話し合うことを学ぶ。

他者との関係

2・1　子どもたちは、異年齢グループ（クラス）の中で発達する。

2・2　子どもたちは、協働、助け合い、それらについてお互いの行動を振り返ることを学ぶ

2・3　子どもたちは、ファミリー（根幹）グループ（クラス）や学校における調和の取れた共同生活について誰もが自分らしく、また、豊かな生活を経験できるように、みずから責任を持ち、共に意思決定に参加することを学

ぶ。

世界との関係

3・1　子どもたちは、自分たちが成すことは、生きた真正な（本物で現実の）状況の中に対するものであることを理解し、その中で学んでいくことを学ぶ。

3・2　子どもたちは、自分の周囲の環境を大切にし、責任を持ってかかわることを学ぶ

3・3　子どもたちは、世界について識るために、ワールドオリエンテーションの中で、学校が教材として提供している学びの内容を適用する。

3・4　子どもたちは、リズミカルに組まれた日課に沿って、遊びながら、仕事をしながら、対話をしながら、また、共に催しに参加しながら学ぶ。

3・5　子どもたちは、自分自身の関心や問いから自発的に行動することを学ぶ。

私たちは、イエナプラン教育のモデル校を設立することで、これらのコンセプトを実現し、「誰もが、豊かに、そして幸せに生きることのできる世界をつくる」という目的を果たします。

一般財団法人佐久穂町イエナプランスクール設立準備財団

この文章を整理するまでには、何度もやり取りが重ねられ、校正も繰り返しました。中正さんも、最近になって「WHYをみんなで整理できた時に、ストンと納得することができたんです」と言ってくれました。「ああ、だからか」と自分が学校をつくる理由がはっきりしたことで、私たちの目指すゴールが一致していることも確認することができ、私たちが迷った時に「立ち戻る場所」をつくることができました。

そして、このように目的を一致させることができたこの時期から、考えも、生きてきた環境や経験も違う人たちが「共に生きる」「共につくる」ということがどれだけ大変か、ということも日々感じられるようになりました。大変だけど、「大変だ」「時間がかかるんだ」ということが共有されていれば、辛いことだけれども、それはきっと乗り越えていけるのだと感じていました。

イエナプランのコンセプトについても同様で、コンセプトを理解し実践することは時間がかかります。そして、残念ながらそこに終わりはありません。

では、どうしたらいいのか。

私たちの生活の中には、毎日どこかで必ずコンセプトとつながる出来事が起きています。誰かとケンカをすれば、「20の原則」の原則1とつなげて考えることができる。上司や部下と仕事のやり方について意見の不一致が起きれば、「20の原則」の原則5を思い出すことができる。目の前にいる人と分かり合えずに諦めたくなった時には、8つのミニマム条件の「対話の重視」が思い出される。誰かが書いたビジネス本を読んで分かった気になった時には「真正性の学び」

を思い出す。

そうやって、日々の自分の生活とリンクさせて考えたり感じたりしながら、誰かと共に時間をかけて理解し合ったり、共感し合えたものは強固なものになる。終わりはないけれど、誰もがそういう経験はあるはずで、私自身もそのことを知っていたし、そうなる確信がありました。だからこそ、辛いけれども乗り越えていける、と信じることができるのです。

設立準備の間も、上手にできなくて苦しい時には、コンセプトに立ち返ると次への手立てが思いつきました。コンセプトには具体的なものが書かれているわけではないので、それを自分の目の前の現実の中で体現するためには、何ができるだろうかと頭を悩ませました。週に一度は理事ミーティングをすることを提案したり、グループウェアなどを使って情報共有をして、誰もがオープンに情報に触れられるようにしたり、財団メンバー以外の人に知恵をもらってみたり。

そうそう。情報がオープンであることは、時に苦しいことも生み出します。情報を隠さないということは、格好つけたり嘘をついたりはできないということでもあるし、伝わると思って共有したことが、裏目に出ることもたくさんあるからです。

そういうことが起きると誰かを責めたり、原因を自分の外に見つけたりします。言いにくいことや、お金のことでも率直に伝えていかなければ分かり合えないと考えて、オープンでいようと思えば思うほどに、誤解が生じる感覚が続き、お腹が痛くなるほど悩んだこともありました。

でも、オープンだからこそ、「みんなが知っていてくれる安心感」が生まれることもあります。むしろ、その効果は苦しみよりもはるかに大きいものです。「こんなこと言ったらどう思われるだろう」「こんなことを伝えたら反対されるだろうか」という不安を越えて、みんなに伝えると、誰かが何かしらの反応をくれることで（この時は賛成なものも反対なものもあって当然）前に進むことができます。

自分の意見を押し通したいのであれば誰にも言わずにやればいいけれど、「共に」ではなくなる。「共に」であるならば、自分の提案は変わっていくものである、という前提で始めることがよりよいものをつくる時のコツだと思います。

少し話が長くなりましたが、「設立趣意」をみんなでつくったことで、私たちはやっと、設立準備のスタートラインに立つことができました。

第3章に入る前に

さて、これから先のお話は、全部同時並行で進みます。時系列で書くことは難しいので、テーマを「地域とのこと」「校舎リフォームのこと」「カリキュラムのこと」「採用のこと」「研修のこと」などに分けて話していきます。これだけのことが同時並行に動いていたのかと思うと、本当に、関わってくださった方々に頭が下がる思いです。

2017年3月、グループウェアに次ページ以下のような項目を整理して挙げていました。実際にやったこととは違う部分もありますが、そのまま共有したいと思います。財団設立時はこんなことを「やらなければならないこと」と考えていました。

タスク一覧（2017 年 3 月）

※実際に取りかからなかったものもあります。

① 県への設立申請書類作成・提出

一般財団法人設立、住民説明会、プレスリリース、学校設立申請書類作成、学校設置申請、私学審議会、設立許可決定、学校法人設立

- ▶申請書類を、県の私学・高等教育課の担当者と密に連携しつつ作成
- ▶不明な点や決定しなければならないことについての情報収集をする
- ▶検討しなければならないことを整理し、全員が参加する会議で決定
- ▶2018 年 6 月申請

② カリキュラムづくり（①と重なる点もあります）

理念・ビジョンづくり、基本カリキュラム作成 、詳細カリキュラム作成

- ▶申請書類の内容にも反映されますが、基本的には実際に学校が運営される時のカリキュラムづくりも含む
- ▶日本イエナプラン教育協会とも連携しつつ検討
- ▶できれば、実際に採用が決定した方々とも検討
- ▶④のサマースクールなどの実施に合わせてカリキュラムの実践も検討

③ 採用関係

初年度採用人数を正式に決定後、採用要項を作成し、広報

- ▶校長採用
- ▶教員採用面接・決定 教員採用 教員研修
- ▶事務員採用面接・決定 事務員採用
- ▶雇用契約

④ 学校設立前までの教育プログラム提供

- ▶サマースクールなどのプログラムの企画、実施
- ▶グローバルキッズの園児、ご家族向けプログラムの企画、実施

⑤ 移住対策

- ▶佐久穂町、佐久市、長野県などと連携しつつ移住情報の収集、情報提供

⑥ 学校以外の利益づくり事業

▶学校法人ができた時（またはできる前も？）に行う別事業の検討

▶事業の運営

⑦ 校舎リフォーム関連

▶校舎内でリフォームが必要なところの検討、決定

▶教具、図書などの整備検討、決定

▶経費の確認

▶施工会社の決定、やり取り

▶建設 方針決め 設計 リフォーム工事

⑧ 校舎活用（資金づくり）

▶事業決め

▶会社設立？ NPO 設立？

▶設立申請内容の確認

⑨ 採用者向け研修

▶採用決定者に向けた開校準備中の研修企画、運営

▶オランダ視察、イエナプラン教育専門教員養成研修

⑩ 広報（HP）

▶HP の更新

▶広報内容の検討、決定

▶プレスクール・説明会

プレスクール準備、募集 プレスクール開催、学校説明会

▶生徒募集

入学募集要項作成、生徒募集、入学選考

⑪ 校舎購入に関すること

▶佐久穂町との契約作業

▶鍵の管理、事務所管理

○第3章　地域に新しい学校ができるということ

学校ができることに対する佐久穂町の方々の想い

2016年12月。私たちが最初にお会いした佐久穂町町長は、現任の佐々木勝町長ではなく、前任の佐々木定男町長でした。

「佐久東小学校がまた学校になるなんて、本当にうれしいことです」とおっしゃってくださり、町長が前向きに受け止めてくださっていることに大変安堵したのを覚えています。

私は別の仕事で、いくつかの地域の空き校舎の再利用に関する事業に関わったことがありました。そんな過去の経験から地域住民の理解を得ることの難しさと、反対された時の大変さを実感として知っていたため、佐々木町長の笑顔と最初の一歩を順調に踏み出せたことに、心からほっとした気持ちでした。

とはいうものの、この時点では「学校ができる」ということが決まっていたわけではなく、「学校をつくりたい」ということを私たちが言っているだけの状況でした。ですからこの段階では、自治体と私たちの間で「学校ができることを、お互いによいことだと思っています」ということが確認できた、というのが正しい状況です。

私たちがまずやらなければならなかったのは、「学校をつくりたいと思っています」ということを地域の方々にお伝えする場を持たせてもらうことでした。佐久穂町役場の方々も町民説明会の開催を要望してくださり、場所や日時を調整してくださいました。学校をつくりたい私たちと、空き校舎を再利用してほしい佐久穂町役場の想いは一致しており、この時からすでに、佐久穂町役場の方々との二人三脚が始まっていたように思います。

町民説明会は、2017年2月に2回に分けて行われました。初めて佐久穂町の方々に向けて行われた説明会に、日程が合わず残念ながら私は出席することができなかったのですが、中正さんと麻さんが参加してくれました。

説明会は、町長から概要と方向性の説明があり、中正さんから学校をつくりたい旨の想いが語られ、地域の方々から質問を受ける、という構成でした。町民の方々は40名前後集まってくださいました。

私たちや町長に向けた質疑では

「資金の面は大丈夫なのか（資金がなくなったら撤退するのか）」

「どんな教育なのか」

「避難所などとして引き続き住民も校舎を活用できるのか」

「本当に子どもがここまで通いに来るのか」

「移り住んできやすい環境を整えるのが先ではないのか」

「計画が甘いのではないか」

「二宮金次郎や石碑・卒業生寄贈のものなどは残してくれるのか」

など多くのことが挙がりました。


このような質問は、開校までに、ありとあらゆる場所でずっと繰り返しされる質問となりました。そりゃそうです。本当に学校ができるかどうかも分からない、どこの馬の骨とも分からない人たちが突然現れたのですから。

中正さんも、イエナプランのコンセプトを核にして、「地域の人や保護者と共に、子どもを真ん中に置いて学校をつくる」を揺るがない理想として、本気で学校をつくりたいと考えていましたが、大日向1区で初めて行った町民説明会では、地域の方々の鋭い質問や意見に、「これはもっと本気でやっていかないといけない。なめてかかってはいけないことだ」と改めて思ったそうです。

とはいえ、鋭い質問や意見に加えて、少し違った質問や要望も投げかけられました。当時、麻さんが財団メンバーに残した当日の様子のメモを共有します。

○地域に何を期待するか？
○水晶の山があるから使ってほしい
○開かれた学校になるうえで策はあるか？ カフェがあったらいいな。
○昨年、収穫祭を東小で行った（ジーバ共和国主催）。８００人が集まった。今年も東小でやらせてほしい。
○大日向地域は歴史的にさまざまなことがあった地域、大日向という名前もアピールしてほしい
○家族が一緒に来られなければ里親制度を考えられないか？
○焦って19年4月を目指して失敗するよりはじっくりやってはどうか？

○登下校の子どもの声が聞こえなくなって寂しかった。また聞こえるようになるのはうれしい
○夢だ
○また野菜を持ってきてあげなくては。そのためには長生きしないと
○地域には茂来山があり登山はおすすめ
等々

この本を書くために、このメモを久しぶりに読み直したのですが、「きっとこの言葉はあの人が言ったんだろうな」と大日向の方々の顔が思い浮かびました。ああ、こんな時から、私たちに期待を寄せてくれていた人たちがいたのだと分かります（いかん、泣きそうだ）。

メモには、「夢だ」と書かれていますが、中正さんが財団メンバーに共有してくれた話の中に、「学校がもう一度できるなんて奇跡だ！」と一番前に座って言ってくれたおじいさんがいた、という話がありました。

そう発言したのは、佐久穂町で里山体験などを提供している非営利団体「ジーバ共和国」

の当時大統領であった小須田武彌さんでした。この一言で、場の雰囲気が変わったと言います。そして私たちは、この説明会の会場にいてくれていたであろう地域の方々に、大変お世話になっていくことになります。その話はまた後ほど。

とにかくこの日は、大日向の方々にも「学校をつくること」を前向きに受け入れてもらえたと感じた日になりました。もちろん、地域の方々全員が納得した、とか、賛成した、ということではないことは十分に分かっていました。

けれども、まずはこの段階で地域の方々に大きな反対をされなかったことは、いや、むしろ前向きに受け入れてくださる声を少しでもいただけたことは、本当にありがたく、大変幸運なことだったということを、声を大にしてお伝えさせてください。

町民説明会が終わり、次に佐久穂町役場の方々と進めるべきことは、土地の売買に関することでした。しかし、売買契約の前には、佐久穂町議会で土地を売ることについて審議され、過半数の賛成により議決されなければなりませんでした。そのために、議員の皆さんから質問を受け、大日向の方々だけではなく、佐久穂町全体の方々に向けた説明会も行いました。

その間に、なんと、佐久穂町町長の選挙が行われ、私たちをあたたかく迎え入れてくださった町長が引退し、絶対に町長が代わる、ということが分かっていました。

私たちは佐久穂町に住んでいたわけではなかったので選挙権はなく、見守るしかありませんでしたが、選挙は佐々木勝町長に決定したのでした。少々ドキドキしていたのは事実で、もし、新町長に学校設立を反対されてしまったら、まだ契約も済ませていない中で「やっぱり校舎は譲りません」と言われてしまう可能性もある…など最悪のことも考えていました。

しかし、そんな心配はよそに、佐々木勝町長は、前町長と同様に学校ができることを前向きに受け入れてくださる方でした。

私が初めてゆっくりお話をさせていただいたのは、町長になった直後に行われた、佐久穂町住民全体に向けて行われる地域説明会の直前でした。説明会には町長も一緒に登壇してくださるということもあり、打ち合わせも兼ねて町長から話していただいたことは、以下のようなことでした。

「地域に学校ができ、町の活気が出ることは大変うれしいこと。だけども、新たにできたばかりの佐久穂小中学校から子どもが減るようなことは望んでいないので、そこはご理解いただきたい」

説明会でも、「学校ができることはよいが、佐久穂小中学校の子どもたちが減るのは困る」「佐久穂町の子どもたちは通わせないという念書を交わすべきだ」という意見もありました。私たちとしては、「誰でも」通いたいと思っている人たちには通ってもらいたいと思っていたし、教育の選択の自由はそこにあると思っていたので、その意見については、率直にこう伝えました。

「この学校は、佐久穂町以外の地域からいらしてくださる方々が多くなると思います。でも、もし、万が一、佐久穂町在住のお子様が入学を希望することがあった場合、私たちはそれを断ることはしません。私たちは、誰もが〝教育の選択の自由〟を持っていると考えているからです」

この説明は、私にとってはとても緊張する場面でした。

それは、佐久穂町の方々の想いが痛いほど理解できたからでもありました。数年前に統廃合が進み、6校の公立学校が廃校となり、町内の小中学校が1校になった。それによって、子どもたちは多くの児童生徒数の中で学ぶことができるようになったばかり。そんな中、廃校になったはずの校舎に「私立小学校」がつくられるとなれば、「私立に佐久穂町の子どもが取られてはならない」という想いになるのは当然な気がするのです。だからこそ、私たちは、佐久穂町の方々に向けて入学説明会を大々的に行ったりすることは控えることにしました。それは、地域の方々と共に、佐久穂小中学校と共に、地域にとってよいことをしていきたい（というとあまりに曖昧なのですが）と心から願っていたからでした。まだそこまでお互いに理解し合えるほどの関係性はつくられていなかったからこそ、対立したい訳ではないし、そもそも公立学校を否定などしていないし、「佐久穂町の環境に惚れてしまったからここにつくらせてほしいんだ」ということを、つたない言葉で繰り返し伝えさせていただくしかありませんでした。

同時に、その時の説明会に出席されていた方々は、佐久穂町全体からいらしてくださっていて、大日向地域に在住の方々もいました。中には、「両手を広げて待っているからね！」と言ってくださる方もおり、本当にうれしい気持ちにもなりました。

この説明会を通して、佐久穂町に新たに私立学校がつくられることについて、町内で意見が大きく割れているというほどのことはないけれども、「私たちが今後どう振る舞うのか」が問われているということを強く感じました。

本当に、「すべての人にとってよいとはどういうことなのか」という問いについて考える旅がすでに始まっていました。

「すべての人にとってよい」という視点でお話をすると、私たちも、簡単ではない課題を校舎見学を最初にした時から抱えることになりました。それは、大日向にメガソーラーの建設計画があることと、地域の噂で聞いた「大日向地域は放射線量が高いのでは？」ということなどです。

メガソーラーについては、すでに建設計画が進んでいるものの、その計画について賛成の方々と反対の意見を持つ方々がいることを、佐久穂町役場の方々から事前に説明を受けていました。また放射線量についても、佐久穂町役場の方々は、こちらが率直に聞くとすぐに測定した数値を渡してくれました。他にも色々な不安要素がありましたが、包み隠さず丁寧に説明をしてくださったので安心することができ、状況を客観的に理解した上で、私たちは校舎と土地の購入を決断しました。子どもたちが通う場所になるということを前提に考えても、安全であると理解した上で校地を決定しましたが、これらのテーマについては、いろいろな意見が分かれるところであることを私たちは十分に理解しています。だからこそ、自ら学び、自分たちの五感と知識で判断・決断し、どう暮らしていきたいのかを選択することが、私たち一人ひとりに問われているのだと感じています。

２０１７年６月。佐久穂町議会で、旧佐久東小学校の土地と校舎を、佐久穂町イエナプランスクール設立準備財団に引き渡すことについて審議され、全会一致で可決されました。地元自治体の賛同を得たことで、長野県への設立申請についても一歩前進したのでした。

長野県への申請

ここで、県への設立申請から認可決定までの流れを確認しておきましょう。

２０１９年４月に開校するためには、左記のような流れしかありませんでした。これは私たちが勝手に変更できたりするものではなく、県が決めている日程に合わせて申請するしかありません。

　県への申請は年に1回しかないのでチャンスを逃さないようにしなければなりません。申請の手順や予定は、あくまでも長野県のものであり、都道府県ごとに異なります。

　また、私たちの場合は校舎をゼロから建設するのではなく、空き校舎を再利用する予定だったので、開校予定年の前の年の6月に申請書を提出すればよいという流れでした。校舎を建設する場合はさらにもう1年前からの申請が必要です。

　このあたりの具体的な学校法人設立申請のための基本的な流れや、提出しなければならない申請書類などについて知りたい方は、各地方自治体のホームページ等をご確認ください。


【学校法人設立・学校設置申請の流れ】

２０１８年6月末日までに申請書類を長野県に提出
２０１８年10月　第一回私学審議会

2018年11月　校舎視察・審議員からのヒアリング
2018年12月　第二回私学審議会

第二回私学審議会の答申で「法人設立・学校設置について認可してもよい」という考えが出された後、初めて長野県より、正式に認可されることになります。

私たちは2018年6月28日に申請書類を提出しましたが、それまでは、広報活動においては「学校設立申請予定」と表現し、申請後は「申請中」に、認可されてから初めて「開校予定」と表現できるという状況でした。認可される前に、「開校予定」とあたかも「開校されることが決まっているかのように話す」ということは、多くの人の信頼を失うことであるということと、私学審議会で審議される時にマイナスに働くだろうことは分かっていたので、大変慎重に進めていました。

それでも実際は、私学審議会で「認可されていないのに広報しすぎではないのか」と言われたりもしたので、過剰なくらい気を使ってきて本当によかったと思っています。

無事認可された後の流れは結構タイトでした。私たちは２０１８年12月25日に認可が決定したため、２０１９年４月入学を希望する方々に向けては、２０１９年１月からしか募集を始めることができませんでした。

しかも、私たちの学校の場合は、佐久穂町、またはその周辺に移住をする前提で入学を検討される方々が多かったので、「引っ越し先を決めてから入学できないことが分かったら困る」と考える方々も当然多く、本当に保護者の皆さまには大変不安な想いをさせてしまった時期でもあったと思います。せめて、２０１８年10月頃に認可が決定していればもう少しみんなにとってよかったと思うので、今後、認可の手順やプロセスが変更されていくことを願います。

驚く方も多いかと思いますが、私学審議会の場では、私たちは審議員に向けて直接発言することができません。傍聴することはできますが、審議会で設立申請内容について説明をしてくれるのは、私学課の担当者の方々です。ということは、私たちは、申請内容について私学課の方々に理解していただき、「この学校をつくりたい！」と思ってもらえるくらい設立に向けた想いや計画を事前に伝えなければいけないということです。

もちろん、私学課の方々と私たちの関係性は、飴一つお土産としてお渡しすることも許されない関係でした。私学課の方々は、私たちが最初に学校設立の目的や内容を伝える方々であり、少しの便宜もなく、私たちの想いを代弁してくださる方々であった、ということです。

そのため、私学課の方々は、私学審議会の前に審議員から聞かれるであろうことを想定した質問をいくつも投げかけ、準備をしてくださいました。そして私たちも、あやふやな部分をできるだけ整理しお伝えする作業が続きました。

余談ですが、正式に認可され認可証を県庁に受け取りに伺った日、私学課の担当してくださった方々に、一緒に写真を撮らせてほしいとお願いをしてみました。私学課の皆さんは、少し戸惑いながらも、「では、インターネットなどで写真を公にはしないということで…」と言って快く認可証を持った私と一緒に写真を撮ってくださいました。これは、お礼の品などをお渡しできない関係に、どのように感謝の気持ちをお伝えすればいいか分からなかった私からの、小さなお願いでした。

私学課の方々にしてみれば「仕事ですから」ということなのだとは思います。でも、私は勝手に、私たちと「同志であろうとしてくれた方々」だと感じています。そう、勝手に。だって、その後子どもたちが想定よりもたくさん入学してくれたことを、彼らは本当に喜んでくれたのですから。

大日向の人々との出会い

先に触れた、初めて大日向地域で行われた町民説明会の数日後のこと。とあるきっかけで、大日向在住の方々と旧佐久東小学校の校舎でお会いさせていただくことになりました。２０１７年３月３日のことです。そこには、佐久穂町役場の渡辺長寿さん、ジーバ共和国の小須田武彌さんと三石武夫さん、佐久穂地域在住の医師である田辺佳代子さんと、山村テラスの岩下大悟さん、のちに佐久穂町議員になられた西部元和さん、そして、その時には想像もしていませんでしたが、２０１９年４月から大日向小学校の教員として働くことになる福田健さんが集まってくださっていました。

この時は、「なぜ呼ばれたのかよく分からないけれど、〝イエナの人〟が来るらしいから」

ということで皆さん声をかけられて集まってくださった、という感じだったそうです。それでも、小須田さんと三石さんが校舎の中を、それはそれは愛おしそうに説明してくださったことで、私たちはこの校舎が建てられた時の歴史やこだわり、そして、閉校になる直前の数年間に、地域の方々がどのように学校に関わっていたのか、などを知ることができたのでした。

旧佐久東小学校は、以前にも閉校の危機があった時代がありました。しかし、地域の方々が、学校周辺に団地をつくるなどして児童数を少しでも増やす努力をし、学校を存続する活動をしたため、閉校せずに現在の校舎が建てられることになったそうです。そんな風に地域に愛されてつくられた、こだわりの校舎には、地場の木材でもあるカラマツがふんだんに使用されました。廊下の壁や天井、教室の天井周り、階段、体育館の壁などなど、カラマツ材が使用され、木の温もりが感じられる「新しい」校舎となったのです。小須田さんはカラマツが貼られた壁を大切そうに撫でながら、私たちにそれを丁寧に説明してくださいました。

また、閉校するまでの数年間は、給食に使用する野菜を、地域の方々がローテーションを組んで、自分たちの畑で採れたものを配達していたと言います。

「山菜が採れた時には、給食に一品増えたんだよ」とニコニコしながら話してくれました。三石さんは、何回か学校に招待されて子どもたちと一緒に給食を食べさせてもらったことをうれしそうに話し、校舎の目の前に広がる茂来山を指しては、「この山はぜひとも登ってほしい山。山の向こうは群馬だが、俺らはすぐ隣りが東京だといつも言うんだ」と手を叩いて笑っていました。

お二人は、校舎の中をゆっくりゆっくり歩きながら、一つ一つ説明してくれました。

小須田さんが私たちに聞きます。

「学校は、いつできるんだ？」

「うまく進めば、2年後です」

「そうかぁ。早くつくってもらわないと死んでしまうなぁ」

「いやいや！ぜひお元気でいらしてください！」

「そうだなぁ！一緒にお祝いしないとなぁ！」

私たちは、陽が傾きはじめたランチルームでそんな会話をしました。小須田さんは、数日前の町民説明会で「もう一度学校ができるなんて、奇跡だ！」と言ってくださった方です。私はこの日、小須田さんと三石さんのあふれる学校への愛情を確かに感じとることができました。

もう一度、この学校を愛してもらえるような学校にしたい。

新しい学校をつくるはずなのに、すでに多くの人たちから愛情を注がれてきた校舎を使わせてもらうことの意義は、とても重くて、幸せなことなのだと、目の前でうれしそうに話す大日向の人に出会えたことで心から感じることができたのでした。

私にとって、このお二人は、大日向地域で初めて出会った「親鳥」のような存在でした。卵から生まれた雛が、初めて目にした存在を親だと思うように、私は、小須田さんと三石さんを大日向で過ごすにあたっての「親鳥」のように思い、いろいろと教えていただくことになるのでした。それは今も、変わりません。

私たちが、旧佐久東小学校の校舎を佐久穂町から譲り受けることが決定して2ヶ月ほど過ぎた頃、校舎を使用して、体験会を開催することになりました。その目的や内容については第7章で詳しく触れようと思いますが、地域の方々にも私たちがどのようなことを実現したいと考えているのかを理解していただけるように、以下の3つのことを意識していました。

①地域密着アナログ媒体の活用

私たちは「学校設立準備新聞」と題して、体験会の様子や、イベントの告知、設立申請の経過を報告し続けました。インターネットでの発信ではなく、地域の方々にこちらから働きかけて知っていただくには、アナログの媒体でローカルにお伝えするのが一番よいと考えたのです。大変ありがたいことに、大日向地域は1区から5区の地域ごとに区長さんがいらっしゃり、直接区長の方々にお願いすることにはなるのですが、月に2回ある行政からの資料配布の日と一緒に、地域住民の方々に配布してもらうことを快諾いただきました。この仕組みは区長の皆さんには負担になってしまうのですが、約300世帯の方々に直接新聞をお届けさせていただくことができます。この新聞について、「全部取ってあるぞ」「あの人、2枚も写真が載ってたなあ！」などと声をかけていただくこともあり、大日向のすべての方々に直接ご挨拶に上がることは難しかっただけに、少しでもつながりが持てた気がしてうれしく思っていました。設立準備新聞としては、2年間で9号発行し、この取り組みは、大日向小学校ができてからも、「学校新聞」として不定期ではありますが、継続しています。

② 地域の行事への参加

地域の行事には、普段お会いできない方々と顔を合わせてお話をさせていただく機会を少しでも持つために、極力参加させていただくようにしています。最初に参加した地域の行事は、「道普請（みちぶしん）公道の草刈りやゴミ拾いなどの整備を自治会単位で定期的に実施する行事）」でした。学校は大日向3区に立地するので、3区の区長さんにお声がけいただきました。この時点でまだ学校ができると決まった訳ではなかったので、地域の行事に参加してもよいものか少し躊躇していたのですが、「こうして地域の行事に参加して、もっとアピールしていかないと！」と言っていただき安心して参加することができたのでした。

「まずは3区の公民館に当日の朝に集合してもらって、それぞれ掃除をしたら、午後は総会があります。その後に飲み会だから、飲み会から参加して。そこで皆さんを紹介しますので」と、まだ〝住民〟ではない私たちを、総会には誘わない点も、ルールをきちんと守り、曖昧にしない方々なのだと感じました。

飲み会では、私たちが緊張しながら自己紹介をすると、あたたかい拍手で迎えていただきました。その時に参加した財団のメンバーは全員下戸だったのですが、それでも、無理に飲まされたりすることはなく、「ちょっとこっちに座って！ 話をしよう！」と座布団を指しながら声をかけてもらえました。2017年9月のことです。

校舎の引き渡しが決まり、設立申請まで1年を切ってはいたけれども動きがあまり派手ではなかったこともあり、「今、どうなっているんだ？」という想いと、「期待しているぞ！」というお声をいただきました。道普請は年に2回行われ、開校してからは大日向小学校として参加しています。

2018年8月、2年に1回行われる3区の盆踊りに参加させていただいた時に、忘れられない出来事が起きました。3区の方々がたくさん集まり、盆踊りはもちろん、出し物をしたり、お酒を飲んだりバーベキューをしたりする中、学校から一番近くに住んでいらっしゃる方から、

「学校の中では人が集まって時々賑やかにやっているみたいだけれど、学校の外の草刈りが

できていない。中ばかりきれいにしても、外周もしっかりしないと、地域の学校として大切にしている感じがない」

というようなことを直接言っていただく、ということがありました。

私たちとしては、旧佐久東小学校が閉校前にどのような状況だったのかを知らず、そして何より、草刈りの文化について本当に無知だったため、それを聞いて「あ！何かまずいことをしてしまっている！」ということだけはすぐに感じました。

「地域と共にある学校にしたい」という言葉が、口ばかりになっていたということです。基

雑草に覆われていた学校に通じる歩道

本的なことさえもできていないことを指摘され、盆踊りの薄暗い中で、私は

「明日、草刈り、すぐにやろう」とメンバーに声をかけ、ドキドキしながら翌日を迎えたのでした。

実際に、学校の外周の草刈りを始めると、それまで私たちに見えていなかったことが見えてきました。つまり、「いつもの景色」としてぼんやり見ていただけで、私たちは「本当は見えていなければならなかったこと」が何も見えていなかったことに気づかされたのです。草に覆われた場所には、道がありました。

草刈り作業後、姿を現した歩道

私は、隠れていた道から土と草をよけながら、3時間の作業中ずっと、

「そりゃ、これじゃあ言われてしまうよな…」

と思いながら過ごしていました。「中のことだけ」にばかり目を向けて、「外のこと」に目を向けていない「つもりはなかった」自分に、またもや向き合わざるを得なかったのです。それでも、掃除を終えた時の爽快感は、次への切り替えにつながりました。

この話には続きがあります。

次の日、（私は前日しか参加できなかったのですが）引き続き外周の草刈りを校長の桑原さんとスタッフでしていたところ、私たちに盆踊りの日に意見してくださった方が「言ったからには一緒に手伝わなきゃな」と言って一緒に草刈りをしに来てくれたのです。前日の私たちの行動をそっと見てくれていたこと、そして、「共に」在ろうとしてくださったことに、またも学校への愛情を感じ、地域の方々の〝凄さ〟に感動してしまったのでした。

③学校主催のイベントへの参加依頼

私たちは、学校主催のイベントとして、「体験会（季節のがっこう）」や「学校名決めワークショップ」などを開催して、イベントへの参加について地域の方々にお声がけをしました。学校名を決めたり、地域のことを教えていただけるようなワークショップについては、新しい学校に期待することなどを教えてもらいたくて参加をお願いしました。体験会では、どんな保護者や子どもたちが新しい学校に興味を持っているのかを実感してもらいつつ、逆に地域にどんな方々がいらっしゃるのかを保護者や子どもたちが知れるように、という想いがありました。

地域の方々には、味噌づくりや畑での収穫体験など、いろいろな体験の場に協力していただくだけでなく、地域のルールや文化・歴史について話してくださることについてもご協力いただきました。このことは、入学を検討していた保護者の皆さんにとっても、大変よい交流の場となったという声を多くいただきました。そして、地域の方々は、100名以上の参加者が楽しそうに学校で過ごすのを見て、「この学校にこんなに人が集まったのは久しぶりじゃないか？これからこんな風に賑やかになっていくのかぁ」と、〝これから〟に期待をしてくれたのでした。

私たちは私立学校の設立を目指していたので、学校名は自分たちで決めてもなにも問題はありません。しかし、元公立小学校の校舎を使わせてもらうのであれば、学校名は地域の方々と一緒に考えたいと思い、ワークショップを開催しました。

ワークショップは、地域の方々が30名ほど集まってくださり、「最終的な決定については財団が責任を持ちます」ということをお伝えしてから始めました。

「とにかく迷わずたくさん出そう」と言ってくれた参加者の方がいらして、本当に多くの案が出されました。「やっぱりイエナプランっていう名前が入っていた方がいいよ」とか、「プルーン小学校は?」とか、本当に思い思いの候補が挙げられたのでした。

そんな中、「絶対に茂来小学校がいい!」と、大日向4区にお住いの畠山修さんがくり返しおっしゃっていたことで、私たちは地域の方々に愛されている「茂来山（もらいさん）」への意識が薄かったことに気がつかされたのです。

この日、私たちは学校法人の名前を決める予定はなく、小学校名のみ決める予定でした。ところがあまりにいろいろな意見が出たので、一緒に学校法人名も決めてしまうことに急遽変更。もともと「学校名には地域の名前が入れられるといいなぁ」という想いはあったのですが、地域の方がどう思われるか不安だった部分もあり、今回のワークショップを受けて学校名は、『大日向小学校』とさせていただくことにしました。また、学校法人名は茂来山からいただき『茂来学園』。そして、学校名にイエナプランの文字を入れる予定はなかったのですが、皆さんの意見を受けて、通称で「しなのイエナプランスクール」と入れることにしたら、とてもしっくりときたのでした。

ワークショップを終え、少しおやつタイムをとっていただいている間に、電話で参加した中正さん含め、理事5人で名称を決め、校名を毛筆で書いて、参加してくださっ

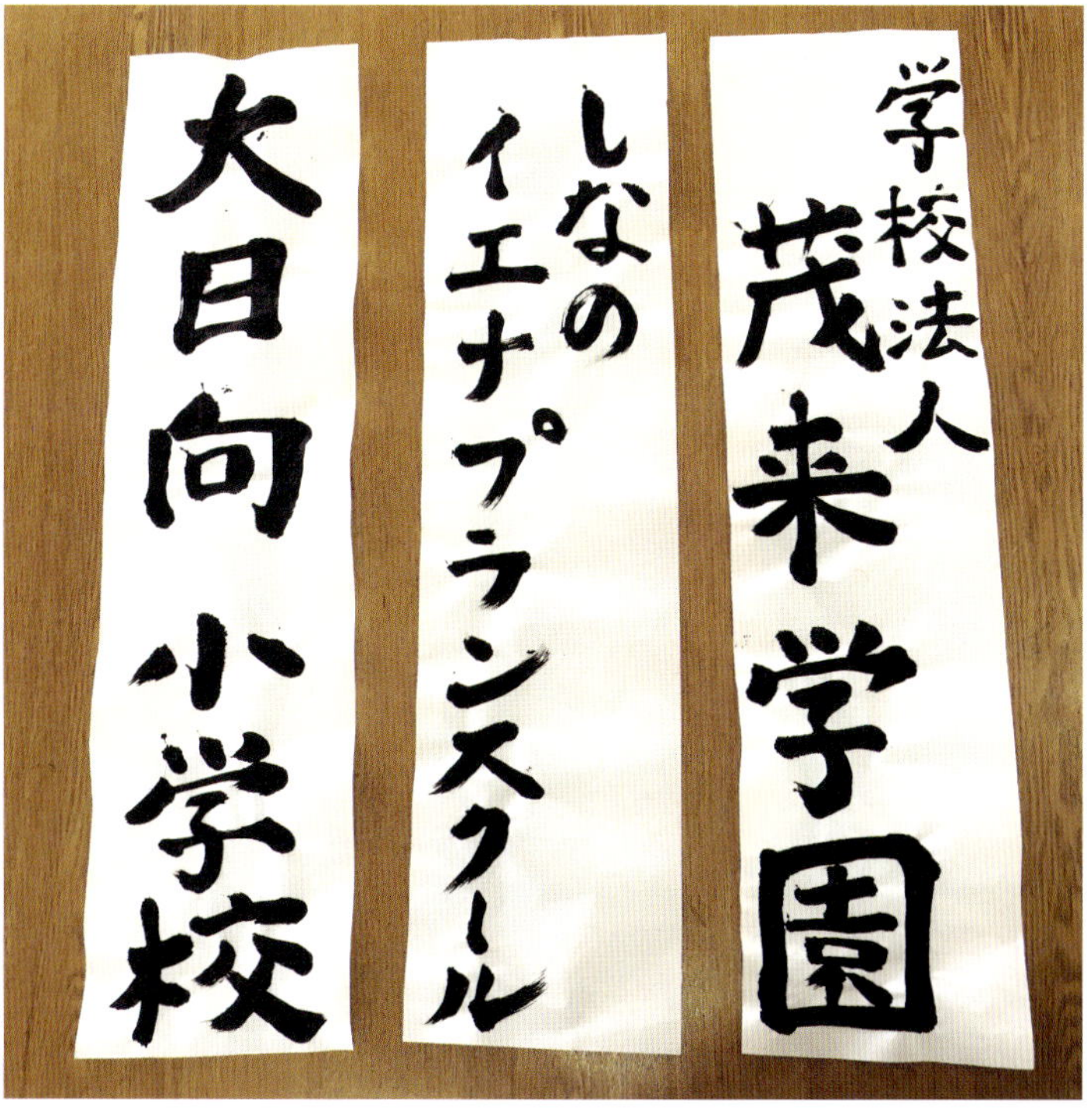

ワークショップの直後、決まったばかりの学校名、学校法人名を理事がしたためる

た皆さんにその場で発表しました。

私は地域の方々にヒントとお知恵をいただき、名前を決めることができたことで、皆さんから学校に命を吹きこまれたような気持ちになったのでした。

そして、私たちが、毛筆で学校名を書いたものを発表した時には、会場は参加者の皆さんからの優しい拍手に包まれました。


こうして私たちは、実際の場所で、実際の人と出会い、少しでも顔見知りになり、話し、交流することで、互いのつながりができる機会を増やすことを意識しながら準備を進めていました。

大日向地域の方々と少しずつ関われるように、最初に助けてくださったのは、佐久穂町のまちづくり団体「アンテナさくほ」の力武文雄さんと佐塚里恵さんでした。力武さんは、10年前に佐久穂町へ移住されて、佐久穂町役場の方々と共にまちづくり活動を積極的にされてきた、私たちにとっての大先輩です。地域のキーマンをつないでくださったり、文化や暗黙の了解のようなことを教えてくださったり、力武さんや佐塚さんご自身の経験や知見をもとにヒントをくださりました。

私にとっては、佐久穂地域に関わる上で分からないことや不安なことをまずお聞きできる存在でした。「学校をつくりたいんだ」ということを話す私たちについて、いろいろな想いをお持ちだったとは思いますが、いつでもあたたかく迎え入れてくださったのがアンテナさくほのお二人でした。

力武さんは、もともと大日向地域で年に1回行われていた「収穫祭」に、学校設立準備財団も参加してはどうか、と提案してくださいました。私としては、「学校ができるかどうか正式に決まってないうちによいのだろうか…」という想いがあったのですが、収穫祭は旧佐久東小学校の敷地を活用して行われていたのと、「地域の方々とつながるよいチャンスだから」とおっしゃってくださったこともあり、できる限りのことをさせていただきたい、とお返事しました。結果的に、収穫祭の運営会議にも参加させていただき、大日向地域の区長の皆さんや地域の方々とも「コト」を通してつながることができたのでした。それらの調整をアンテナさくほの方々がしてくださったことで、私たちは前向きに地域の方々に受け入れていただけたと思います。ゆっくり大きく回る大縄の縄に、突っかかるのが怖くて走りこむことができない子どものように、ジリジリしていた私の背中を、タイミングよく力武さんと佐塚さんが押してくださったことで、私たちはピョンと小さく飛び越えることができたのでした。

学校を起点にしたコミュニティへのこだわり

第1章でも書きましたが、私がいろいろと焦っていた理由は、佐久穂町で学校をつくることを考えた時に、学校をつくることだけがゴールではない、ということでした。地域の課題や、設立準備の課題を整理した上で、学校が地域にどんな形で寄与することができるのかを見据えて動かなければならなかったからです。「子育て環境」という課題を考えてみただけでも、想定すればするほど、すべきことがたくさんあって焦ったのですが、図にしてみて少し落ち着くことができました。

その時の図が左ページの図になります。

コミュニティづくりの全体像

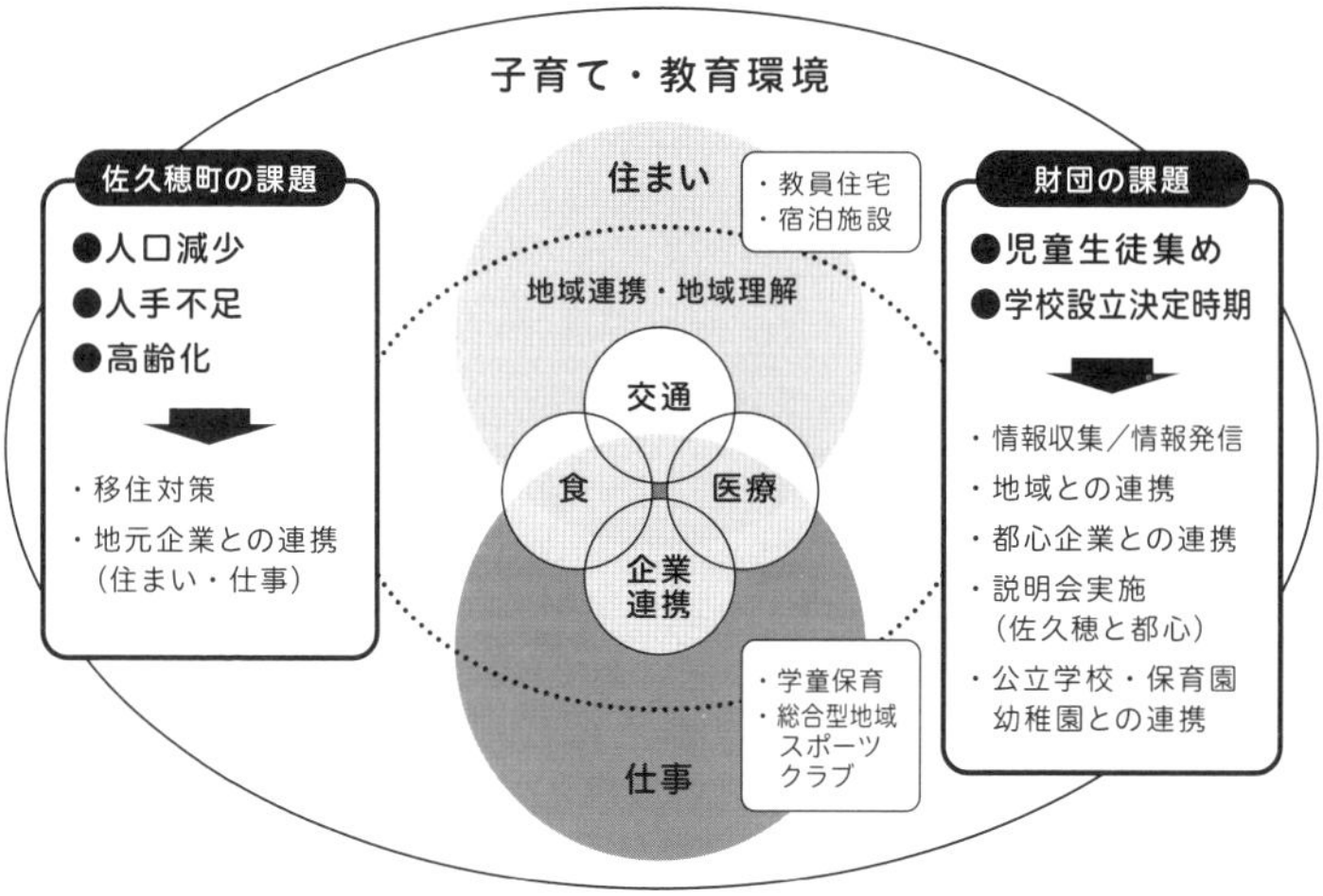

学校設立準備の重要なことの一つとして、児童の募集があります。通ってくれる児童がいなければ、学校をつくる意味はありません。そして、地域の方々と、どのように、何を通してつながっていくことができるかが明確になることで、佐久穂町につくる意義が深まっていきます。

繰り返しになりますが、イエナプランスクールを設立するという視点から見れば、佐久穂町は自然に恵まれ、その地域を愛する人たちがそばにいて、校舎まで活用させていただけるという大変ありがたい環境でした。それと同時に、佐久穂町の現在の課題でもある、人口減少や人手不足、高齢化、住まいや仕事の有無などについても目を向けなければ学校設立は成り立たない状況でもありました。

例えば、私たちが学校について「よいところ」ばかりを広報して、入学検討者が増えたとしても、「住む場所は?」「仕事は?」という保護者の現実的な不安に応えていかなければ、移住を伴う入学を決めてもらうことは難しいことです。しかも、佐久穂町の方々には「入学者数は何人になるの?」「移住者ってどれくらい来るの?」「大日向には住んでくれるの?」「どんな人が来るの?」などといったさまざまな現実的な質問を投げかけられます。学校ができることがまだ決まっていないのに、です。

しかし私たちは、そんなことを言い訳にしている暇はありませんでした。どうしたら目指すゴールにたどり着くことができるのか、まだ見ぬ未来に向けて、まさに、「佐久穂町に学校をつくる」というテーマで「ワールドオリエンテーション」をしているようなものでした。

だからこそ、私たちの仕事は、〝まだできていない学校〟について、「こんな学校にしたい」ということを伝えることで理解していただき、「この学校に通うためにはこんな方法が考えられますよね」ということを思いつく限り整理し、それぞれに抱える課題について、こちらで対策できるものは検討し、誰かに頼まなければならないことはお願いする、というものでした。

例えば、佐久穂町の住まいについては、本当に佐久穂町役場や地域おこし協力隊の皆さんに大変お世話になりました。空き家であってもすぐには住めない状況にある物件がたくさんある佐久穂町。現象だけ見ると「物件がない」と言えてしまうけれど、やはり「歩いて学校に通わせたい」「少しでも学校の近くに住みたい」と考える保護者の方々も少なくはなく、そういう方々の要望に応えようと、佐久穂町の総合政策課の方々に大変なご尽力をいただきました。

佐久穂町主催の移住ツアーの企画には、大日向小学校もツアーコースに入れてくださいましたし、体験会（季節のがっこう）には毎回欠かさずに佐久穂町の説明にいらしてくださいました。地域おこし協力隊の皆さんは、空き家の調査や、空き家を持っている地域の方一人ひとりに声をかけて、賃貸や売家として空き家バンクに登録することなどを推進してくださいました。町としては、一つの学校のためだけに動いているということではなく、「移住政策」として動いてくださっていたのですが、やはり、学校ができた時に移住者が増える可能性についてできる限りのことを考えて対応してくださいました。保護者からの問い合わせにも大変丁寧にご対応いただき、感謝しても感謝しきれない気持ちでいます。

また、やはり移住する方々の中でも、隣町の佐久市に住むことを検討される方も多くいることが予想されていたので、佐久地域振興局の方々や、一般社団法人長野県宅地建物取引業協会の方々にお願いしたところ、大変あたたかくご協力くださり、佐久エリアへの移住や住宅事情についてたくさんの情報提供をいただきました。兄弟も一緒に引っ越してくることを考えると、保育園関係の方々にもご挨拶をさせていただき、本当に優しく受け入れてもらいました。「本当にそんなに移住してくるの?」という問いと「これは地域のためにもよい取り組みだと思う」という意見が、常に混ざっていたように思いますが、基本的にどの方々も、前向きにご対応くださったことにいつも救われていました。

佐久穂町には、交通機関としてはJR小海線が通っています。大日向地域まで通っていた路線バスはすでに廃線となり、現在は学校の最寄駅である海瀬駅から学校まで車で10分弱の道のりの移動手段は、タクシーのみです。「げんでる号」という乗合タクシーもあり、移動手段の無い地域の方々にも利用されています。

そのような環境にある佐久穂町にできる学校に、子どもを通わせようと考えた時、保護者の中には新幹線の止まる佐久平駅周辺に住み、新幹線通勤をするという選択をする方々もいるだろうことは予想済みだったので、私たちは佐久平駅からスクールバスを出すことを早期から検討していました。バスを購入するのか、どこかのバス会社に運行を委託するのか、はたまた路線バスを復活してもらうのか、ということも含めてさまざまに検討しつつ、それも、入学者数が決まってからでないと具体的に動くこともできず、開校直前にバスの購入と委託の両方で進めることに決定しました。

想定していたよりも入学者数が増えたことにより、スクールバスの台数を増やし、運行の委託を進めなければならなかった時に、佐久地域周辺の路線バスを運行しているバス会社を訪れました。その際、スクールバスの運行についてはお断りされてしまったのですが、「佐久平観光さんなどは検討してくれるかも知れませんよ」とご紹介いただきました。その足で佐久平観光に藁にもすがる思いで飛びこみで伺ったところ、私たちの話を快く聞いてくださり、スクールバスの運行をあたたかく引き受けてくださったという経緯があります。

とにかくスクールバスの運行についてどうしたらよいか困っていた中で、最後の頼みの綱として本当に「飛びこんだ」という感じだったので、受け入れていただいた後の帰り道には、桑原さんと二人で、雪がちらつく中、ハイタッチしたのでした。こうして私たちは、繰り返し地域の方々に助けられてばかりいたのです。

他にも、仕事のこと、医療のこと、子どもたちの放課後の居場所のこと、休耕田のことなどいろいろな視点で「学校ができること」を考えた時、やらなければならないことがたくさん見えてきました。そして、私たちだけがよければよいのではなくて、地域の方々にとってもよいものになるためにはどうすればいいのかも考えなければなりませんでした。しかし、一度にすべてのことはできないし、ゆっくり取り組んでこそ意味があることについては、焦って行動に移すことはやめて、これからの10年20年先の未来を見据えて取りかかることにしました。例えゆっくりとだったとしても、地域のためにもなることを実現するには、考えていることや見据えていることを繰り返し伝えて、どうしたらよいか互いに対話を積み重ねることに時間をかけなければ前に進まないし、実現もしないということが明確になったからです。


ここで一つ、小さい出来事ではありますが、「学校にとってありがたいことで、かつ、少しでも町の誰かのために役立つこと」についてご紹介したいと思います。

何度かご紹介した小須田武彌さんの、プルーン畑のことです。

武彌さんは、2018年9月に行われた秋のがっこうという体験会で、ご自身がお持ちのプルーン畑を子どもたちに見学させてくださり、しいたけの原木から大きなしいたけを自由に採らせてくれました。「好きに過ごしてください」と子どもたちを愛おしそうに見つめながら、いろいろと説明をする武彌さんのうれしそうな様子は、私たちのことも幸せにしてくれたのでした。「学校がもう一度できるなんて奇跡だ」と言ってくれた武彌さんに、子どもたちと再び関わってもらえたことが、私たちもとてもうれしかったのです。

それから数週間後。私たちは武彌さんが急逝したという知らせを受けました。私は言葉を失いました。その日はちょうど東京で月に1回行われていた審議会が開かれる日で、審議会で黙祷を捧げ、私たちは哀しみを共に分かち合いました。それくらい、私たち設立準備財団のメンバーの中で、武彌さんの存在は大きくなっていたのです。

その後しばらくしてから、武彌さんの奥様であるしげみさんが、一人でプルーン畑を管理するのは大変なので、引き継いでくれる人を探しているという話を地域の方々から聞きました。私たちはもともと、佐久穂町内の休耕田や、畑について、子どもたちの学びのためにも学校で引き継ぐことができないだろうか、という話を武彌さんともしていました。その上で、プルーン農家の川上純さんにも事前に管理方法などについて指導を受けてから、しげみさんに引き継がせていただけないかと、塚原さんと共にお願いに上がったのでした。

しげみさんは、複雑な想いを抱えながらも、「引き受けてもらえるなら」と言ってくださいました。私たちは、武彌さんのプルーン畑を引き継がせていただけることになったことをうれしく思うと同時に、やはりプレッシャーも感じていました。

しげみさんとは2時間ほどお話しして、「畑のほとんどを貸したいとは思うけれど、もう一度家族に相談したいので、今後の契約のことなどはまた後日ゆっくり話しましょう」ということになりました。

しげみさんとお話をさせていただいているうちに、しげみさんの中に、畑を手放すことに「寂しさ」があるということは、私たちにも伝わっていました。そして、これは「耐えなければいけない寂しさ」だとも考えている、ということも同時に理解することとなりました。

耐えなければいけない寂しさ。

この時私は、私たちはただプルーン畑を引き継ぐのではなく、武彌さんとしげみさんのこれまで大切にされてきた歴史や、地域にある課題、そして「耐えなければならない寂しさ」も、本当にほんの少しではあるけれども引き継ぐのだと強く実感しました。当然、すべてを引き継ぐことなどできるはずもないけれど、畑をお借りするということは、そういうことなのだと改めて感じることができた出来事だったと思います。

そして後日、しげみさんは、「プルーン畑の半分」を私たちに貸したいと思う、と連絡をくれたのでした。

学校を起点にしたコミュニティづくり、と言っても、「私たちが地域の中心になる！」ということではありません。「学校が地域から無くなる」ということは、地域が段々と小さくなっていくことにつながり、それくらい「学校」という存在は地域に大きな影響を与えてしまうものだということは言わずと知れていることです。つまり、私たちのように「学校をつくる」という立場から考えた時には、コミュニティにどのように関わり、良くも悪くも、どのような影響を及ぼしてしまうのか。ということを考えることは本当に重要なことでした。

ここは、誤解の無いように繰り返しお伝えさせてください。

私たちは、「私たちが地域を活性化するんだ！」とか「私たちが地域を変えるんだ！」とかそういう大それた気持ちで学校をつくることを始めたわけではありません。

ただ、イエナプランのコンセプトを通して考えた時に、地域の方々とつながり、共に学校について考え、地域にとってもよいとされることにつながる学びやコトが生まれることを、心から私たちは望んでいます。新しい学校が存在することで、地域にとってもよいことが起きることを心から目指したいと思っています。

学校をつくろうとしている私たちは「学校を起点として」という視点から考えるしかありません。だからこそ、地域の方々から「地域から見ると」という視点をもらい、たくさんの対話を重ねたかったし、例えそれが苦言であったとしても、声をかけてもらえることがうれしく、地域の方からのすべての言葉が貴重で、宝物のように感じるのでした。

自分でも、こう書いていて、嘘っぽく伝わるだろうなとは思います。

でも、振り返ってみると、本当にすべての言葉が、ありがたかったと心から言えます。言われて涙が出そうになったことも、悔しかったことも、悲しかったことも、全部率直に教えてくださろうとする優しさだと思えたからです。

なぜそう思えるのかを考えてみると、やっぱりそこには「地域への愛」が感じられたからだと思います。私たちはよそ者であり、よそ者にはよそ者としての、地域に関わる時に守らなければならないことがあると私は思っています。

知らないところで不快なことをしてしまう可能性や、思わぬところで失礼なことをしてしまうことがあることを前提にしてよそ者は動かなければならないとも考えています。だからこそ、知らないことや分からないことを正直に伝え、素直に聞くこと。それができないときは、私の方が間違っている時なのです。

そして、「よそ者は、永遠によそ者である」とも私は考えます。これは、東日本大震災後に宮城県石巻市で復興支援活動をしてきて学んだことですが、よそ者はよそ者であることで初めて役立つことがあるのであって、よそ者から「地場の人」になろうとする必要はないし、地場の人になることはできないのです。これは、「悲しいこと」では全然なくて、むしろ「素敵なこと」を生み出すと私は思っていて、立場や文化が違うからこそ、お互いに助け合い、学び合うことができると信じているからです。

それは、大日向小学校開校後に催した「開校を祝う会」で佐々木町長から戴いた一言にも表されていました。その言葉は、また後ほどお伝えしたいと思います。

○第4章　イエナプランスクールの校舎をつくる

誰でもできる、理想の空間を目指す

イエナプランスクールの校舎には、理想の学習空間の考え方があります。

〈イエナプラン・スクールが理想とする学習環境〉

『今こそ日本の学校に！ イエナプラン実践ガイドブック（リヒテルズ直子著／教育開発研究所）』より

①子どもが何かをしたくなるように挑みかけられる教室。そのために、観察テーブル、発見コーナー、発見箱、扉のないオープンな棚に置かれた道具、遊びの道具が置かれている。

②子どもが自分で道具を取り出し、元に戻せる。子どもにもわかるはっきりとした整理の仕方。指導と練習を通して取り出したり元に戻したりすることが習慣になるように。

③子どもたちの世話が行き届いた植物がたくさんあり、タネから育てた植物もある。

④子どもの数よりも多くの数の場（椅子）が仕事（学習）のために用意されている。
⑤3～4人ずつ小グループで座れるテーブル・グループがある。
⑥グループ・リーダーがインストラクションを与えるためのテーブルがある。
⑦簡単に（すぐに静かに）サークルになって座れる場所がある。
⑧子どもたちが持ってきたきれいなもの、特別なものを一時的に置いておく、誰にでもすぐ目に止まる場所がある。
⑨ものや絵や本などを、トレイやカゴなどを使って（積み重ねてではなく、すぐに取り出せるように縦に並べて置いておく）小さな場所がある。
⑩できるだけたくさんのものを展示する場所がある（縦のものとして掲示板、棚の背後、横のものとしてテーブルや棚）。
⑪同じ種類のものをお互いに揃えて整理しておける決まった場所がある。
⑫ひとつ以上のボード（黒板・ホワイトボード・電子黒板）があり、子どもたちもそれを使って学べる。
⑬教室に、高さの違う場所がある（ロフトなど）。

⑭天井も使っている（方位を示す、太陽系を描くなど）。
⑮子どもたちは、普通の席だけではなく、ゆったりできるソファに座ったり床に座ったりできる。
⑯床でも作業ができる（小さなカーペットを使うなど）。
⑰要らないものを積み上げた、ごちゃごちゃした場所がない。
⑱窓やテラスに出られるドアなどを通して室外とのつながりがある。
⑲床は騒音の原因とならないように、敷物などで吸音されるようにできている。
⑳子どもたちが今どんなアクティビティに取り組み、どんなことに関心を持っているかがすぐに見てとれる。
㉑どの教室（学校のリビングルーム）にも、その教室にいるファミリー・グループの子どもたちの生活や仕事を記録した日記や写真帳が置かれている。
㉒ファミリー・グループは一つひとつ異なる。つまり、一つひとつの教室（学校のリビングルーム）は異なる顔を持っている。

私たちは、元公立小学校の校舎を再利用する前提で動いていたので、これらの条件に少しでも見合うようにリフォームしたいと考えていました。今回、リフォームの企画をお願いしたのは、オランダで行われるイエナプラン研修に参加されたことがあるＵＤＳ株式会社の中川敬文さんでした。敬文さんとの出会いは、リヒテルズさんからの紹介でした。オランダに仕事で行かれた敬文さんがリヒテルズさんにアポイントメントを取ってお会いして、今度はリヒテルズさんから「中川敬文さんという方とお会いしてみてください」とご紹介いただいてからのお付き合いです。

また、佐久穂町で学校をつくる話が出る数年前に、「東京でイエナプランスクールをつくるにはどうしたらよいか」というテーマで小さな勉強会を共に行なっていたという経緯もあります。そういった背景もあり、「イエナプランスクールをつくることになりまして…」とお電話をした時には、「おお！　それは楽しそうなお仕事ですね！」と快く引き受けてくださいました。

ＵＤＳの方々は設計に入る前に、教職員と共にどんな校舎にしたいかを考えるワークショップを開き、それぞれの想いを形にする方向で進めてくださいました。イエナプランのコンセプ

ト と共に意見が整理され、学校を大きな家のように見立てて、土間エリア（昇降口と職員向けゾーン）、居間エリア（教室ゾーン）、縁側エリア（ランチルーム）と設定してくれたことで、空間の使い方がとても分かりやすくなりました。土間エリアは、流石に下履きでというわけにはいかなかったのですが、イメージとしては保護者や地域の方々も気軽に入ってもらえるようにオープンな場にしましょうということになりました。

私は、公立小学校の校舎を活用してイエナプランスクールをつくる、ということには大きな意義があると考えています。これまで、イエナプランと聞くと、「オランダの教育でしょ。日本には合わないよ」とか「私立ならできるかもしれないけれど公立じゃできないよ」とか「オランダの教室は日本よりも広いからできるんでしょ」などと、どちらかというと否定的なことを言われてきました。その度に、そんなことはない、ということをお伝えしてきたのですが、やはり言葉だけでは納得していただけないことも多く、日本イエナプラン教育協会でもモデル校が必要だと考えるようになっていきました。

そんなこともあり、「公立学校の校舎をリフォームすることでこんなことが可能になる」という事例をつくることができるのはとても意義があることなのです。また、もともと学校であった建物を活用できる、ということは、学校としての機能がすでに準備されているということでもあり、法律や条例にも適合しやすく大変ありがたいことでした。その中でも、躯体を大きく変えることなく、イエナプランを実践するための環境を設定するために、第一優先で変更すべき点は主に教室環境でした。

まず、教室のサイズについては、ＵＤＳの設計士である小田島さんが測ってくださったところによると、オランダのとあるイエナプランスクールの教室よりも、旧佐久東小学校の教室の方が広い、ということが分かりました。日本には教室のサイズの規定がありますが、オランダのイエナプランスクールの教室が特別に広いということではないことが分かったということです。もちろんオランダの教室もいろいろあるので、探せば日本の教室より広い教室もあるとは思います。

私たちの学校は1教室に最大で30名と考えていて、サークルになって座わることのできるスペースと、それぞれ個別に座ることのできる席が必要でしたが、そのための広さは十分にありました。

まず、教室で1番最初に決めたことは、備え付けられていた黒板や棚をすべて取り外すことでした。黒板があるだけで、どちらが「前」なのかが必然的に決まってしまいますし、固定された黒板でなくても、移動式のプロジェクターやホワイトボードなどで代用できるからです。そして何より、黒板の無い教室から始めることで、教員のマインドセットも変化しやすくなると考えました。

イエナプランでは、教室はリビングルームのように居心地がよい場になることを目指します。リビングルームに「固定された前」は必要無いし、逆に教室内を好きに移動する自由度を奪われてしまうでしょう。また、教

「リビングルーム」としての教室。黒板とロッカーを無くし、教室ごとに壁の色を変えた

室の机と椅子についても、「少しだけオシャレにする」という意味もこめて、形は従来の机と椅子にし、脚の色を赤色にしました。そして、教室ごとに教室内の壁の色も、ブルーンの色、藤の色、太陽の色などそれぞれ佐久穂町にちなんだ色になりました。

こうして「色」のバリエーションが増えたことでぐっと教室の雰囲気が明るくなり、使用している校具は他の学校と同じであっても、色一つで変化することも感じられ、こういう取り組みであれば、どこの学校でもできると思ったのでした。

もう一つ特徴的なのは、廊下側の教室の壁が大きなガラス張りになっている点です。

改装前の廊下の様子

教室が、視覚的にも開放的な空間となり、廊下からも教室の中が見渡せて、廊下と教室がつながっているような感覚になり、隣同士の教室との精神的な隔たりも軽減されています。開校後、実際に授業の様子を観察していると、ずっと廊下から教室の中を見られ続けてしまうのはやや落ち着かないようですが、子どもたちはあまりそれも気にしていないようです。そして、ラッキーなことに、元々すべての教室からすぐに外に出られる窓があったことで、「ホンモノ」とつながりやすい空間になりました。

教室の次に、リフォームをしたかったのは、職員室です。

改装後の廊下の様子。ガラス張りの仕切りにより開放的になった。廊下に備え付けられた棚は、荷物置き場としてだけでなく児童の制作物などを並べられるようになっている

オランダのイエナプランスクールの職員室は、下の写真のような様子でした。

見ていただければ分かるように、日本の多くの職員室と「機能」が違うのです。私たちも、教職員同士の間にも対話が生まれる環境を職員室につくりたいと考えました。そして、職員のいるスペースは閉じられた空間ではなく、子どもたちはもちろん、保護者や地域の方々との交流も生まれやすい環境になるように、昇降口のすぐ近くにオープンスペースとして設定しました。幸い、旧佐久東小学校の職員室も昇降口から最も近い所にあったので、もともと職員室内にあった電気管理系統の機器などを移動することなくリフォーム

オランダのイエナプランスクールの職員室。「対話の場」としての空間が設えられている

することができました。職員室がよりリラックスできるスペースでもあるようにと、小上がりを設定してくれたので、一つだけ提案させてもらったのは、小上がりの一部を半円の形で凹ませてもらえないかということでした。なぜなら職員室は、教職員も日々サークルになって対話する場所になるため、座っただけでサークルになるスペースがあるとよいなと考えたからです。これが、想像以上に素敵な空間となり、教職員も毎日サークルになって対話を積み重ねています。

ランチルームが「縁側エリア」とされたのには理由があります。

大日向小学校の職員室。壁を取り払い誰もが立ち寄れるコミュニケーションの空間

ランチルームはもともと佐久東小学校時代も全校で集まって給食を食べていたスペースだったそうです。木の温もりが感じられ、天井高のある素敵なスペースなので、私たちもランチルームとして活用したいと考えていました。また、このランチルームは地域の方々にも開放して、児童生徒と共に食事をしてもらえるような場にすることを考えているとＵＤＳの皆さんに相談したところ、ランチルームという名前ではなく別の名称をつけてはどうか、と提案してくださいました。

結果的に、財団のメンバーで話し合い、「大日向食堂」という名前にすることにしました。名は体を表すと言いますが、名称を外向けのものにすると、一気に実現するような気持ちになるので不思議でした。そして、ホームページや学校説明パンフレットなどのデザインをお願いしていた株式会社クラウドボックスに、「大日向食堂」のロゴデザインをお願いすることになり、「ただの」ランチルームではなくなっていきました。また、地域の方々には校舎を通らずにランチルームに外から直接入っていただけるように大きな窓の横にスロープをつけることでそれらを実現させることができました。校舎とつながりつつも、外から直接入っていただけるようにすることで、ランチルームが独立した場にもなり、オープンでありながらも、外部からの人がむやみに校舎に入って来てしまわないような安全性を保つこともできるようになりました。

リフォームの計画においては、オープンであり、かつ、安全性も守られる環境ということも一つのテーマになりました。校門はもともと鍵のかかるような門ではなかったし、人が入って来ないようにすることで安全を守るのではなく、互いが顔見知りになることで安全性を高めていけるのが理想でした。だからこそ、多くの人たちと挨拶を交わせる関係になり、いつでも安心して入って来られるような場所に学校がなることを目指したいと思っています。それと同時に、セキュリティシステムについては、佐久東小学校時代よりは手厚く契約することにもなりました。つまり、どちらもほどよくすることが大事なのだと思います。

設計はＵＤＳにお願いしましたが、実際の建設については、佐久穂町の井出建設興業にお願いすることになりました。佐久穂町の冬は、夜はマイナス20度になることもあり、そういった地域の特性を知っているということと、やはり、地域の学校に対する想いを持って関わってくださる方々にお願いしたかったからです。校地内に建てられた建設工事事務所には、現場監督の瀬下哲也さんが書いた現場の方々向けのメッセージが貼られ、仕事に対するプライドを何度も感じることができました。

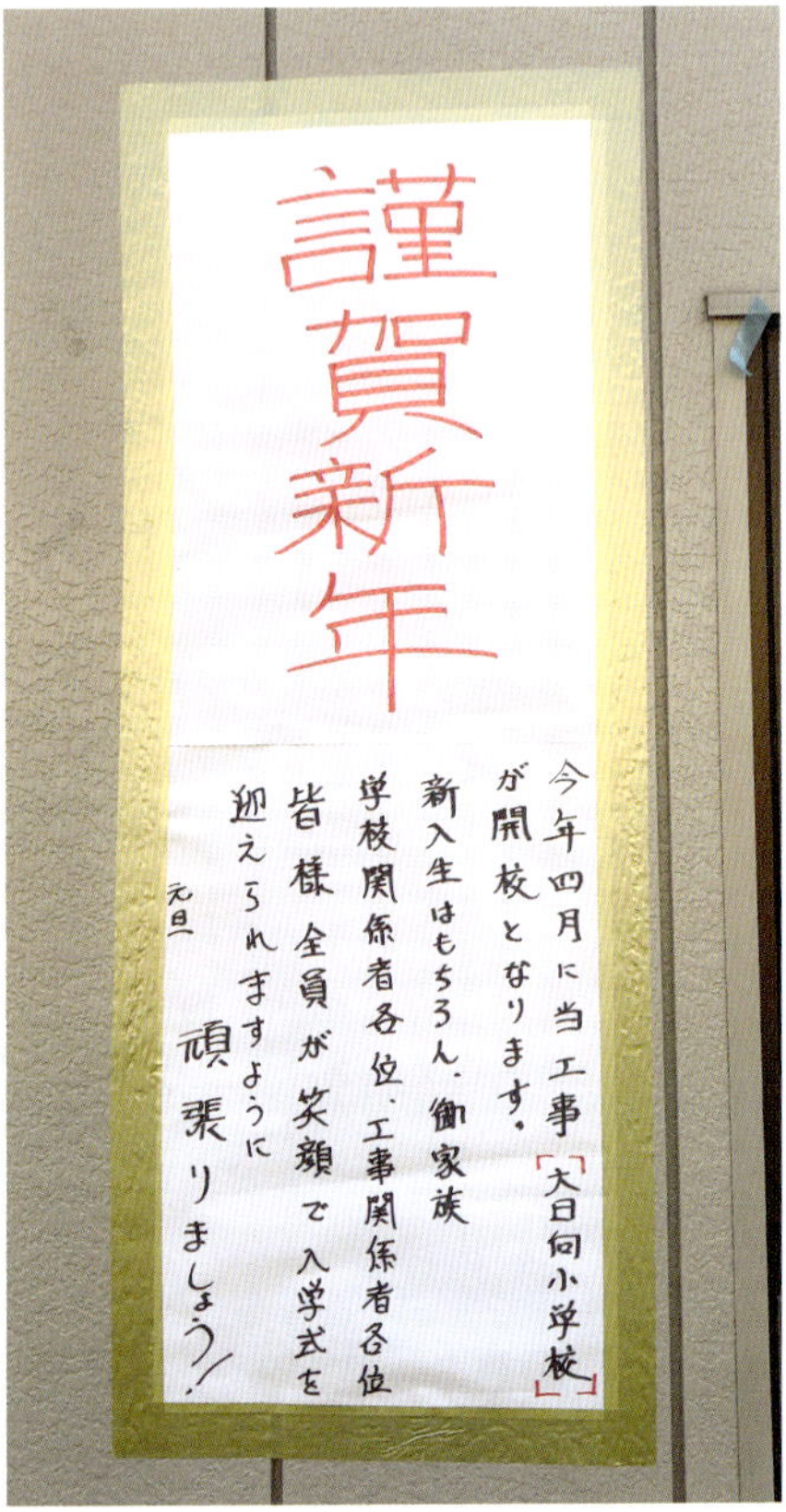

職人さんたちは毎日、コツコツと丁寧に進めてくださり、会えば言葉を交わして、最近の状況を教えてくださいました。特に、2018年5月から佐久穂町に移住していた桑原さんは、リフォーム工事が始まってから毎日のように職人さんと関わり、リフォームが完成した時には「職人の皆さんに会えなくなるのかと思うと寂しい」とつぶやいたほどでした。井出建設興業の井出正臣社長は、「地域企業の意地を見せたかった」と完成後におっしゃるほどで、強い覚悟で関わってくださったことを実感しました。そして何より、瀬下さんが「入学式に参加したいと思えた仕事になった」と言ってくださったことは、本当にうれしい一言でした。

UDSのデザイン設計と井出建設興業のコラボレーションにより、学校校舎はイエナプランスクールとなる準備ができたのです。

リフォームをしなかった教室

校舎でリフォーム工事をしなかった部屋もありました。図書館、音楽室、理科室、家庭科室、図工室などです。部屋の造りを変える必要が今のところはない、と判断したからでした。図書館以外は3階に配置されるので、3階はトイレ以外はリフォームをしていないことになります。これは、子どもたちの実態に合わせた環境をつくりたいという考えもありましたが、準備が追いつかなかった部分もありました。それでも、木のぬくもりを十分に感じられる元々の環境に助けられ、子どもたちも違和感なく過ごしています。

特に図書館では、リラックスして過ごしてほしく、身体を委ねることのできるカラフルなクッションをいくつか配置しました。これらのクッションはすべて、開校のお祝いにいろいろな方々からいただいたものです。開校後は、本好きな子どもたちが驚くほど多いこともあり、リラックスしに集まりやすい場所となっています。開校前の選書準備や、整理方法の検討については、現場経験のある、立教大学兼任講師の中山美由紀さんにご相談させていただきました。中山さんがイメージする「理想の学校図書館」にはまだ遠いですが、これからもお付き合いいただければと思っています。

学校のシンボルについて

旧佐久東小学校の昇降口には、校章が掲げられていました。大日向小学校も、昇降口に何かシンボルを設置できればよいね、という話が出ていました。話し合った結果、「木でつくられたシンボルマークがよいのではないか」というところまで決まりました。

「木」で、と決まった時に、すぐに私の頭の中に浮かんだのが、宮城県石巻市でお世話になっていた遠藤伸一さんでした。遠藤さんは、石巻での復興支援活動をきっかけに出会った、木工職人の方です。2011年、石巻市内の小学校で英語教師として働いていたものの、震災で亡くなってしまったテイラー・アンダーソンさんのご両親が、日本とアメリカの架け橋になりたいというテイラーさんの想いを継いで、石巻の学校にテイラーさんが大好きだった本と手づくりの本棚を贈る活動を始めることになりました。その際に、木工職人である遠藤さんに白羽の矢が立ちました。遠藤さんはそれから、「テイラー文庫」となる本棚をこの8年間つくり続けています。学校の要望に合わせて、すべての本棚をオリジナルで制作し、同じものは一つとしてありません。私は石巻の各学校と遠藤さんをつなぐ仕事をさせていただきながら、遠藤さんの誠実さや、他者への思いやりをすぐ近くで感じていたこともあり、今回のシンボル制作を遠藤さんにお願いしたいと思ったのでした。

佐久穂町にも木工職人の方は多くいらっしゃるので、本当に遠藤さんにお願いしてもよいのだろうかと少し迷いも感じていました。しかし、石巻の方々から学んだ「地域連携」について、学校づくりにも活かさせてもらったことと、石巻から大日向へ移住して大日向小学校の教員として働く予定の人がいたこともあり、こういうつながりをきっかけに、他の地域の方々にも、大日向という地域に想いを向けてもらえるようになることも望んでいました。そして何より、遠藤さんは「子どもたちの幸せ」について心底考えていらっしゃる方なので、私のわがままを通させていただき、遠藤さんにお願いすることにしました。

ＵＤＳの小田島さんにそのことをお伝えすると、「私たちが探したとしてもどこかの縁もない業者になってしまうので、知っている方にお願いできるのならそれがよいと思います」とおっしゃってもらえたことも決め手になりました。

設立準備財団と大日向小学校のロゴマークには20個の玉が並んでいます。20個の玉は、イエナプランの20の原則を表しています。それらをサークル状に並べることで、それぞれ違う存在である私たちが、お互いを見つめながらつながり、共に生きることの大切さを表現しました。そのことを遠藤さんに伝え、木の種類を変えて20個の球をつくることで、一つ一つ違うということを表現してほしいとお願いしたところ、「木は、もともとみんな違う顔をしているから表現できると思う。でも、木の球をつくるなんて初めてのことだなぁ」と笑いながら、7種類の木材を使用してくれることになりました。

石巻でつくられた木の球に、オイルをじっくりと擦りこむ場面に立ち会わせてもらいましたが、オイルが擦りこまれていくと、みるみると木目が色づき、同じものは一つとして無いことがよく分かり感動しました。そして、どの順番で並べるとよいだろうかとシミュレーションし、その順番で校舎に設置してもらえるように、遠藤さんから現場監督の瀬下さんへとバトンが渡されました。

瀬下さんにも、この20個の木の球に込めた想いについてお伝えし、設置する方法をお聞きすると、「木にボルトをつけて、手でねじってはめることになるだろうから、中川さん、自分でやりますか?」と提案してくださったのです。自分で設置できるのかと思ったらテンションが上がってしまい、「絶対にやりたいです!」とお願いしたところ、瀬下さんは約束を守ってくださり、2019年4月1日に教職員全員で設置できるように計らってくれたのでした。なんて粋な職人さんでしょう!

キュッキュッと教職員一人ひとりが、それぞれの想いを込めながら球を設置したあの時間は、本当に感慨深いものがありました。

遠藤さんにお願いすると決めた時に、あまり私の個人的な想いを学校づくりに反映させてはいけないと思っていたのですが、学校の中や、佐久穂町の中だけでなく、広い世界とつながっていく学校でありたい、という強い想いを込めたつもりです。どうか許していただければと思います。

◯第5章　学校をつくるカリキュラム

イエナプラン教育と学習指導要領をどう捉えるか

イエナプランを日本に広める活動をしていて、最も多く聞かれることは、「イエナプランは日本の学習指導要領に則って実践できるのか」ということです。

日本イエナプラン教育協会の見解としては、「できる」というのが一番シンプルな答えです。だからこそ、一条校でのイエナプランスクール開校を目指したとも言えます。

では、なぜ「難しい」と思われるのでしょうか。そしてなぜ「できる」と言えるのかを簡単に説明したいと思います。

実践が難しいのではないかと思われてしまうことの理由はいくつかあります。まずは「オルタナティブ教育は日本のルールには合わないから広まらない」という思いこみがあるということが言えるのではないでしょうか。

確かに、いくつかのオルタナティブ教育の中には、日本の学習指導要領などに合わせると本当に大切にしたいことが実現できないというものもあるでしょう。しかし、イエナプランの場合はコンセプトの体現を重視するので、学習指導要領で学ばなければならないとされていることと照らし合わせてみても、反発し合うものはほとんどありません。

例えば、検定教科書は使うのか、という質問も多くされます。学習指導要領の内容を吟味すると、教科書は大変よくできている教材であり、否定すべきものではありません。私たちは、「何を学ぶか」はもちろん、「どう学ぶか」もコンセプトに則って実現したいと考えていました。学習指導要領に書かれていることを読みこみ、どのように実現するのかに向けて「最大限の」挑戦をしていけばよいとも考えています。

そしてそれは、その学校に通う子どもたちや、学校のある地域によって変化していくものです。メソッド（やり方）として「これをしなければならない」というものではないため、「どんなことをしていればイエナプランと言えるのか」という視点で見ようとされる方々には歯がゆい想いをさせてしまうことでしょう。もちろん、コンセプトを体現するために、対話すること、遊ぶこと、仕事（学習）をすること、催し（お祝い）をすることなどが大切にされます。また、異年齢グループでの活動や、自立学習・基礎学習（ブロックアワー）、協働学習・探究学習（ワールドオリエンテーション）などの時間が確保され、ホンモノから学ぶ環境や、自立的自発的に学ぶことのできる教材が手に取ることのできる環境も整備します。そして、イエナプランでは

「教室はリビングルームのように居心地がよく、安心して過ごせること」を目指すと語られています。その実現のための細かい「やり方」については、過去の知見を参考にしながら、私たち自身が試行錯誤し、環境の設定について学び続けることが求められます。

例えば、サークル対話はイエナプランの特徴の一つとして語られますが、丸くなって座って話していればいいというわけでもないのは言うまでもありません。形が丸くても、教員が一人で話し続けているようでは対話とは言えないし、リラックスして座っていられないようなサークルであっても十分とは言えません。

子どもたちが集中できない時には、なるべく短めに終わらせてしまおうとか、サークルで手遊びや歌で楽しむような時間を取るとよいとか、そういう事例や知恵はたくさんありますが、「それをやっていればサークル対話である」というものでもありません。だからこそ、「目の前の子どもたちから始める」ということであり、試行錯誤し続ける、ということになるのです。

まずは、「20の原則」の原則11から20に、「学校について」書かれているのでもう一度読み直してみてください（46ページ参照）。もしかしたら、「うちの学校はすでにできている」と感じる方もいらっしゃるのではないでしょうか。

そして、平成29年・30年改訂新学習指導要領の総則や総合的学習の時間や生活の内容も再度読み直してみてください。イエナプランのコンセプトで語られていることと大変親和性があることもご理解いただけると思います。学習指導要領が改訂されて、私が一番感じたことは、「イエナプランのコンセプトに、より近くなってきている」ということでした。イエナプランで語られていることはもはや特別なことではなく、国としても目指しつつあることであると感じることができたからです。

唯一、やりづらさを感じるところがあるとすれば、やはり、各教科の必要時数が決まっている点でしょうか。ここが大事なポイントなのですが、教科の読み替えをせずに教科横断的に子どもたちの探究を深めるための時間を確実に取ることと、どのような内容と活動とで各教科の時数を確保するかということは、慎重に検討すべきことです。ただしこれも、学習指導要領でカリキュラムマネジメントすることを求められていることを考えると、イエナプランスクール特有のものではありません。むしろ大日向小学校での実践がよい事例の一つになるだろうことも予想ができるので、丁寧にカリキュラムの準備も進めました。私たちは大日向小学校での実践が、公立学校でも参考にされなければ意味がないと考えていたからです。

また、時数の制限以外に、公立学校で実践するときのハードルとなるだろうこととして、「異年齢学級である」という点も挙げられるでしょう。こちらについても、どのように実現しようとしたのか後ほど詳しく説明したいと思います。

その前に、一つ大事なことをお話しします。

現在、公立学校に勤める先生方の中にも、イエナプランを学び、教室で実践しようとしている方が、少しずつではありますが増えてきています。同時に、その人の隣りの教室にいる同僚が、その事実をどのように受け止めているかということがとても重要だと私は考えます。学校は、一人でつくることはできません。だからこそ、「こんないいことをしているのに分かってもらえない」「あの人たちは勉強不足だ」などという気持ちが、もし、ほんの少しでもあるようならばそれを手放し、目の前の子どもたちと、隣りにいる同僚たちを大切にすることから始めてほしいと心から願います。

学校は、学校に関わるすべての人たちと共につくるものです。校長先生だけが頑張ることでもないし、孤立して戦いながらつくるものでもありません。たとえ同僚や保護者にイエナプランを知らない人がいたとしても、あなたの学校にある学校目標を元に、職員全員で話し合うことから始めることもできるはずです。逆に言えば、イエナプランのコンセプトに共感している人たちが集まったからといって、決して楽にそれができる訳ではないことも付け加えます。なぜなら、私たちは一人ひとり違う存在であり、その違いを出発点にして学校をつくろうとしているからです。

一人ひとりの想いも価値観も過去の経験も何もかもが違う中で、コンセプトをもとに一つの学校をつくろうとすることは、大変難しいことです。しかしワクワクすることに挑戦している、ということに変わりはありません。

もう一度確認させてください。

学校は、一人ではつくることはできません。あなたの隣りにはいま誰がいますか？　そして、あなたはその人を大切にしているでしょうか？　分かり合おうとしているでしょうか？　諦めずに対話をしようとしているでしょうか？

そうずっと問いかけ続けてくれるのが、イエナプランのコンセプトなのだと私は思います。

ハードルだと思われたものをどのように考えたか

それでは、大日向小学校がどのようにしていくつかのハードル（だと思われたもの）を越えて、一条校として認められたのかを、3つに整理してお話しします。

①時数の考え方について

実際には、設立のための申請書類には、細かいカリキュラム内容を求められることはなく、時数の一覧のみ提出することが求められました。しかし、私たちは私学課の方々にも理解していただけるよう、仮の細かいカリキュラムも提出しました。

「仮の」というのは、当然始まれば細かいところは変更が起きるし、毎年同じものを実践するわけではないので、私たちの「考え方」を理解してもらうためのものでもあったということです。また、これらを開校前につくっておくことで、私たちも考え方を整理することができました。

まず、イエナプランのハートと言われる、ワールドオリエンテーションから私たちは考えはじめました。総合的で教科横断的で探究的な学びの時間のテーマや内容を整理することで、子どもたちの問いから始まる学びの時間を確保し、そこで学んだことが、基礎的学習の時間であるブロックアワーの内容へとつなげていくことができるからです。先ほども触れたように、学習指導要領で求められているカリキュラムマネジメントと、総合的な学習の時間で目指すことは、切っても切り離せない関係のはずです。

私たちもそう考えることで、ワールドオリエンテーションでは取り扱いづらい教科単元について、ブロックアワーでどのように扱えばよいかが見えてきました。

ワールドオリエンテーションには、7つの経験領域と言われるテーマがあります。

1　つくること使うこと
2　技術
3　コミュニケーション

4　共に生きる
5　環境と地形
6　めぐる一年
7　私の人生
そして、「時間」と「空間」

最近のオランダでは、これらのテーマにこだわらなくてもよい、という考え方もあるようですが、私たちは初めてのことなので、オランダの知見から学びながら基本的なことから進めることにしました。

活用できるのは、オランダのイエナプランスクールで行なわれた過去の活動内容などでしたが、やはり日本の学校でそのまま使えるわけではありません。なぜなら、学校周辺にある「ホンモノの世界」がオランダとは違うからです。当然と言えば当然の話です。そこで私たちは、佐久穂町にある地域の「財産」を思い浮かべながらカリキュラムを作成しました。

カリキュラムを具体的につくりはじめたのが2018年8月。桑原さんは2018年5月から佐久穂町に移住し、毎日のように大日向を歩き、佐久穂町の方々とも関わり、地域のことを少しずつ知ろうとしてくれていて、それらの情報は、カリキュラムをつくるのにとても役に立ちました。

このカリキュラムづくりに関する話し合いについては、公立小学校でワールドオリエンテーションをテーマに校内研究をしてきた方々や、生活や総合的な学習の時間に力を入れて実践してきた方々にも協力を仰ぎました。時数計算については、公立小学校の教務主任経験者の方に協力してもらいながら共に研究しながら進めました。

新設予定の私立学校の、仮のカリキュラムづくりに彼らが協力してくれたのは、公立学校でのイエナプランの広がりを見据えてくれていてのことですし、すでに積み重ねられていた公立学校での実践経験がここで活かされることは、大変深い意味があったと思います。

細かい話ですが、ワールドオリエンテーションは基本的に午後に行われます。大日向小学校では、1週間のうち、午後の7時間をワールドオリエンテーションの時間として設定しました。つまり、年間で35週×7時間で、7つのテーマのプロジェクトを実施していきます。テーマによって週数は違うため、3週間で終わるものもあれば、7週間続く場合もあります。

例えば、「環境と地形」というテーマであれば、やはり学校周辺にある川や山を題材に、私たちが学びたいことや学べそうなことをたくさん出し合うことから始めました。ワールドオリエンテーションでは、「ヤンセンの自転車」と言われる学びのサイクルに則って、「刺激→問いかけ→計画→経験・発見・探究→発表→記録・保管→中核目標・学習経験の確認」の流れで進めます。準備段階から、刺激になりそうなことや子どもたちから生まれそうな問いを考えながら、国語や算数、理科、社会、図工、音楽、家庭科など、あらゆる教科単元とどのようにつなげることができるか整理していきました。

この時に私たちが気をつけたことは、「教科書の単元からスタートしないようにすること」でした。私たちは、総合的な学習の時間の標準時数よりも、ワールドオリエンテーションに取る時数を多く設定したため、各教科で学ばなければならないこともワールドオリエンテーションの中に含まれていかないと、各教科の時数の確保が難しくなります。しかし、教科単元に引っ張られすぎると、大人がつくりこみ過ぎてしまうような「やらされるプロジェクト」になる可能性があります。

「子どもたちの問いから始める」ことを大切にするためには、「やらされるプロジェクト」

を避けなければ実践する意味がないと考えていました。学んでほしいことを大人がきちんと理解していることは重要なことであり、それらの内容を確保した上で「つくりこみ過ぎないこと」はいつも念頭にありました。つまり、最初の「刺激」について大人が設定する時に、子どもたちの興味関心からスタートでき、子どもたちから生まれた問いが広がっていくことのできる「余白」があることが重要であり、大人がねらいとして持っている「学んでほしいこと」に子どもたちが確実に触れていけるように設定する必要があるわけです。この塩梅がなかなか難しくもあり、日本でワールドオリエンテーションのカリキュラムづくりを行う際の醍醐味でもあると感じています。これは、総合的な学習の時間のカリキュラムづくりにも通ずることだと思うので、多くの先生方の共感を得られるのではないでしょうか。

このようなカリキュラムの設定については、細かく描こうとすると1冊分の本を書けてしまうと思います。カリキュラムについては、開校後の試行錯誤と共に語られた方が面白いはずなので、また別の機会にしたいと思います。

カリキュラムづくりの流れは大まかに以下のようになったので整理しておきます。

①7つのテーマを元に、大日向小学校の環境を活かして学びたい・学んでほしいこと、やってみたいことを思いつく限り書き出す

②①で書き出したものをすべて、季節や時期、上学年・下学年で振り分けてみる

③「この1年（今回の場合だと開校1年目）」で取り組むとよりよさそうなものをテーマにつき1つ選択してみる（児童生徒がすでにいる場合は、子どもたちの実態から計画をすることをおすすめします）

④1つのテーマごとにめあてを検討し、何週間（時間）くらい必要かを検討する

⑤テーマごとに大まかな活動内容を検討する（この時に内容を固め過ぎず余白のあるものにすることが重要）

⑥各活動内容が、各学年の、どの教科・単元とつながるかを検討し、時数を確認する

⑦各教科の残り時数分と残りの単元をブロックアワーで学ぶことができるように計画する

⑧ブロックアワーでの学びとワールドオリエンテーションでの学びをできる範囲でリンクさせる

当然のことですが、このカリキュラム設計の流れを一人で行うことは難しいです。異年齢での活動を見通して計画を立てることもあり、教職員全員で計画を立てていくことで、ワールドオリエンテーションのテーマが「学校全体」に広がっていくようになるでしょう。私たちも、仮の設計とはいえ、全体の流れをカリキュラム設計メンバー全員で話し合った後に、各テーマ×上学年・下学年の内容（全部で14プロジェクト）についてペアを組んで話し合いながらつくったため、自然と対話が生まれ、独りよがりな内容にならずに済んだと思います。

また、教科の時数だけでなく、行事の考え方についても同時に話し合うことになりました。行事の意義、行事の準備にかける時間の考え方、行事と学習の連携についてなど、今までの経験がみんな違うだけに、行事のための授業になってやしないか、本当に今やっていることが〝正しい〟のか、など意義のある学びが実現するために私たちがどのように考え直す必要があるのかを確認する作業となりました。

結果的に、大日向小学校が開校される前に日程が決定された「行事」は、入学式などの儀式的行事以外には、運動会（体育的行事）と大日向交流会（文化的行事）のみとなったのでした。

その他の行事は、子どもたちの実態とワールドオリエンテーションの内容に合わせて取り入れていくことを確認することができたと思います。また、行事の練習のための時間は教科時数には入らない、という考えもありますが、運動会は地域の方々にも参加していただきながら行うスポーツフェスティバルのようなものを考えていたので、事前の練習を必要とするものではなく、当日自分が参加したい競技に参加する形式のものにしました。これも、「運動会」は何のために、そして誰のためにあるのかを話し合った末のことでした。

また、学年全体で見てみると、1・2年生は、3年生に比べて標準時数が少ないのですが、3学年同時に活動してほしいと考えていたので、1・2年生の時数を増やして3年生と同時間にすることにしました。増やす教科は「生活」とし、1・2年生も基礎的な教科学習の時間を確保しつつワールドオリエンテーションにじっくりと向かえるようにすることにしました。

通常1年生は午前授業で帰ることがほとんどですが、協働的で探究的な学びの時間であれば1・2年生でも午後も活発に活動することが可能であると判断しました。具体的に増やした時数は、1年生は62時間、2年生は35時間です。

4月は子どもたちが少し疲れてしまうこともあるかもしれないけれども、それでも大丈夫だろうと思えたのは、実際に公立小学校で、生活と総合的な学習の時間を1年生から3年生の合同で行ったという実践例があり、時間割を変更して1・2年生も6時間目まで行った際に、午後でも子どもたちは活発に活動をしていた、という話を聞くことができたからでした。同時に「算数だったら無理だったと思う」という言葉も聞けたことも私たち自身の学びになりました。

一条校でのイエナプランスクール開校は確かに初めての試みではありましたが、リヒテルズさんが日本にオランダ・イエナプランを紹介してから10年以上が経ち、確実に公教育の中でも実践を積み重ねてきた人たちがいたということが、こうして後押しをしてくれたことも事実です。日本初のイエナプランスクールは、すでに日本においても具体的な実践に挑戦してきた人たちがいたからこそ実現したのは間違いありません。

②異年齢学級について

イエナプランの特徴の一つでもある異年齢学級については、最初に長野県の私学課に学校設立申請について相談した頃から、文科省の担当者にも見解を聞きながらどのようにクリアすることができるかを検討していました。

小学校設置基準第二章にこのように書かれています。

（一学級の児童数）
第四条　一学級の児童数は、法令に特別の定めがある場合を除き、四十人以下とする。ただし、特別の事情があり、かつ、教育上支障がない場合は、この限りでない。
（学級の編制）
第五条　小学校の学級は、同学年の児童で編制するものとする。ただし、特別の事情があるときは、数学年の児童を一学級に編制することができる。

ここにある、「特別な事情」とは、1学年の児童数が少人数になってしまう場合のみ複式学級が認められるということを指しており、「イエナプランのコンセプトに則るから」は「特別の事情」には当てはまらないだろうと私たちは考えました。実際は、複式学級の解釈をめぐって戦うよりも、他によい方法があると感じていたということもあります。

私たちは、1学年10人ずつ3学年が混合される30人学級をつくりたかったのですが、それは、「学級」である必要はないことに気がつきました。つまり、「学級」は1学年ずつの学級をつくり、教育活動は校長がつかさどる範囲で、異年齢での活動を推奨していくということであればよい、というとても自然な考え方となったのです。

私は、いわゆる縦割り活動を否定する先生に出会ったことがありません。縦割り活動のよさについては多くの先生が共感するところでしょう。イエナプランスクールは、その縦割り活動を他の学校よりも多めに取り入れる学校であるとも言えるわけです。

申請書類には、「大日向小学校では、単学年での学習活動の他に、異年齢グループでの活動も重視する。異年齢活動を行う際には、第1・2学年、第3・4学年、第5・6学年での活動や、第1学年から第3学年からなる下学年グループと、第4学年から第6学年からなる上学年グループでの活動も活発に行う。その際には、児童の発達段階と実態に合わせて教員を配置する」と書きました。

この、異年齢での活動について、お伝えしておきたいことがあります。

実際のところ「公立学校でイエナプランを実践したいと思っても、異年齢での実践は難しい」と言われるのが現状だと思います。そういう意味では、こうして「イエナプランスクールを設立します」ということを宣言してスタートできることで、異年齢での活動についての内外からの反発はほぼ起き得ないので、大変幸運なことだということは理解しています。

しかし、この異年齢で過ごすことを多く設定する理由は、「社会に出れば異年齢」であるからでもあります。学校を「社会に出る前の練習の場である」と考えるなら、学校の中にも、社会のあり様と近い環境をつくるべきだし、理想の共同体をつくろうとする人を育てたいと思うのであれば、学校の中で理想の共同体で過ごす経験を持つべきです。そして、異年齢での活動は、「私たちは一人ひとり違うのだ」ということを、より分かりやすくする環境をつくります。そして、違うからこそ、助け助けられる関係がつくられるということも容易に学ぶことができます。それが自然なことであり、価値があるということも学びます。そのための「異年齢での活動」なのです。

とすれば、私たちはみな違う存在であり、だからこそ互いに助け合う関係をつくれるとよいということを体感できる環境があれば、異年齢でなくてもよいとも言えるのではないでしょうか。

確かに、異年齢で過ごすことは、「違い」を分かりやすく実感することができます。しかし同学年、同年齢であったとしても、私たちは一人ひとり違う、一人ひとり価値のある、大切にされるべき存在なことには変わりはないのです。それは、揺るぎの無い事実なのであって、そこさえ私たちが理解し合えていれば、「異年齢学級」にこだわり過ぎることはありません。

つまり、「異年齢学級をつくることができないからイエナプランを実践することはできない」ということでは決してないということです。イエナプランのコンセプトを元にした単学年での実践を、私は日本の公教育の中でたくさん見てきました。だからこそ、異年齢学級かそうでないかは、イエナプランのコンセプトの体現には大きな影響を与えない。というのが私の個人的な考えでもあります。

ただし、誤解の無いように付け加えるとすれば、それでもやはり、異年齢での教育活動は本当に素晴らしい出来事がたくさん起きるし、基礎的学習や個別学習を行う時にでも、異年齢の子どもたちが共に学ぶ環境は、とても自然で互いを認め合えるよいものであることも、揺るぎの無い事実です。

③「異国のもの」だという認識

「イエナプランはドイツやオランダで発展したものだから、日本には合わない」という意味に近い言葉は、何度言われてきたか分かりません。でも、私は、まったくそうは思いません。イエナプランのコンセプトを読む度に、日本に合うか合わないか、ではなく、私たちはどのように生きたいのか、を問われていると強く感じるからです。

確かに、ヨーロッパ特有の歴史や文化によって積み重ねられてきた土壌があるのは認めますし、宗教的な考え方や自然環境なども含めて考えれば、日本で「そのまま」「同じように」広がったり実践していくのは難しいかもしれません。そもそも、教育制度の違いや国が教育にかけるお金のことなども大きな違いがありますし、そういうことを挙げていくとキリがありません。

ですが、皆さんは、イエナプランの20の原則を読んで、人間として私たちが大切にしたいことについて、さほど違いはないと感じたのではないでしょうか？

これまで、宗教観などの違いで、20の原則に書かれていることの意味がうまく理解できないこともありました。しかし、イエナプランを学びたいと集まってきた人たちと共に、20の原則を読み、語り、疑問を持ち、共感するということを繰り返していくうちに、その対話こそが重要なのだと思えるようになりました。

実は、2019年2月に、大日向小学校に入学したいとエントリーしてきてくれた人たちと関わりながら、ふと思ったことがありました。

「日本のイエナプランスクールは、すでに始まっている」

開校は2ヶ月後だというのにも関わらず、私が「すでに始まっている」と感じたのは、入学を希望する方々が本当に多様だっただけでなく、日本の現在の教育についてそれぞれ感じることや考えていること、疑問、不安があり、だからこそ、新しくできる学校に期待をこめて選択してくれたことをひしひしと感じたからでした。

　私たちに寄せる期待が大きいことに、プレッシャーを感じなかったと言えば嘘になるけれども、それでも、「日本のイエナプラン」をつくるということに、共にチャレンジしてくれようとした人たちがたくさんいることに、「すでに始まっている」と感じたのでした。

「ドイツやオランダでは求められないけれど、今の日本だからこそ求められることもある。それが、日本のイエナプランをつくっていくだろう」

　本当に今さらかもしれませんが、それが実際に「イエナプランスクール」としての現場が日本につくられて最初に感じたことでした。

　大日向小学校に関わるすべての人にとって「初めてのこと」に向き合うことは間違いないので、90年以上実践を積み重ねているドイツやオランダのイエナプランから学ぶことは重要で外せないことでもあり、私たちは、先人から真摯に学ぶ必要があります。それと同時に、イエナプランでも大切にされている、「目の前の子どもたちから始める」「ホンモノから学ぶ」ということを考えた時に、世界に目を向けつつ、私たちが暮らす日本という国の環境の中でできることや必要とされていること、そして、変化させていきたいことに対して愚直に実践していくことが求められるのだな、ということも実感しました。

そのためには「学び続ける」しかありません。

学び続けるということは「変わり続ける」ということであり、学校は、昨日うまくいかなかったことが明日少しでもうまくいくように、昨日うまくいったことが今日うまくできなくても、もう一度トライすることができるような環境であるように、日々繰り返し続けていく必要があります。私たちは、決して焦らずに、そして諦めずに、まっすぐ前を向いて歩むしかありません。日本のイエナプランは始まったばかりだけれども、すでに、積み重ねられてもいるのです。

仮のカリキュラム設計と事前に決めておきたかったこと

私たちの学校は、2019年4月に開校しましたが、2019年3月末まで別の学校や職場で働いていた教職員メンバーが、なんと半分以上もいました。つまり、4月10日の入学を祝う会まで、1週間ほどしか開校準備に全員で取りかかることができない現実があったということです。そのような事情があったので、4月1日に全員が集まった時には、どこかホッしたのを覚えています。

それでも、カリキュラム内容は、一部のメンバーのみで勝手に決めてはいけないということと、子どもたちが通いはじめてやっと子どもたちの興味関心が見えてくることがほとんどであることも予想していました。その結果、カリキュラムを必要以上につくりこみ過ぎることはせず、また、教職員に強制的に「このカリキュラムで進めるように」などの指示はしませんでした。そのほうがすべてにおいて柔軟にいられると考えたからです。

しかし、柔軟であるということは、同時に、決まっていないことがたくさんあるということでもあり、とにかく決めなければいけないこと、詰めなければいけないことが山積みのままスタートした感覚が私にはありました。

教職員メンバーに対しては特に申し訳ない気持ちがありましたが、「レールが敷かれている気がする」という言葉がスタート時に教職員メンバーから出る場面もあり、心強さを感じつつも、見えている景色の違いに戸惑った部分もありました。それぞれの役割が違うこともあり、ズレが生じるのは仕方の無いことだったと思います。被害妄想だったとは思うのですが、教職員メンバーに何か聞かれる度に、「こんな準備もできていないのか」と言われているような気がしてしまったこともありました。

4月当初は、設立準備にがっつり関わっていたメンバーと、そうでないメンバーとでかなりその気持ちのズレについて話し合う場面があった記憶があります（子どもたちが通いはじめてからはそれどころではなくなっていくのですが…）。

そうしてなかなか細かいことを詰められずにスタートした点も多かったので、地域との連携についても、開校直前になっても決まっていないことがいくつかありました。それでも、校長である桑原さんや、地域連携ファシリテーターの塚原さんが、地域の方々との関係性をつくってくれ、行政の方々とも定期的にミーティングを行ってきたことで、私たちが実現したいと思った教育活動について、少しずつ協力してもらえる環境でスタートすることができたと思います。

また、教材についても検討する時間がなかなか取ることができませんでした。教職員メンバーが集まる時間を準備期間に十分確保できなかったからです。

日本の出版社が発行している教材は、大変よくできているものが多くあります。しかし、子どもが自律的な学びを深めやすい教材は、あまり多くはありません。ブロックアワーで子どもたちが基礎的な学習について自律的に学ぶための教材を、やはり教職員がつくる必要性も出てきた部分と、まだまだ既成の教材研究が足りていない部分が見えてきたのも事実でした。

コンセプトの中でも大切にされている「ペダゴジカルシチュエーション（※）」を設定するためには、これも子どもたちの実態に合わせていくとなると、事前に完璧な環境を設定するのはなかなか難しい点もありました。

つまり私たちには、子どもたちと共に歩みながらよりよい環境をつくることが常に求められているということなのだと思います。

そのように、あまり時間がなかった中でも、事前に方針だけは決めておきたかったことが、「評価」についてでした。イエナプランでは、「数字で人を評価する」ということに対するアンチテーゼもこめて、評価はすべて言葉（文章）で表現するということがうたわれています。ですので、事前にどのような項目や視点で評価し、子どもたち自身の自己評価をどのように行うのか、面談の形式などについても話し合われました。そして、そのためには、一人の子どもに対して、すべての教職員が見守り、関わることで、子どもを全人的に捉えることができる、ということの確認も繰り返されました。その話し合いがあったからこそ、実際に学校が始まってからすぐに、教職員全員で関わる環境でスタートできたのだと思います。

※「ペタゴジカルシチュエーション」
子供が自発的に学びたくなるよう、教育学的によく考えられた学習環境のこと。

○第6章　学校をつくる人たち

共に働く人を選ぶということ

イエナプランスクールをつくるにあたって、「どんな人が教職員として働くのか」ということは、保護者の皆さまから繰り返し聞かれました。その度に、私たちとしては、「子どものことが好きな人」「公立学校の教育を否定していない人」そして「イエナプランのコンセプトに共感している人」ということをお伝えしていましたが、教職員免許を持っていること以外で〝特別な知識や技能〟を持ち合わせているかについてはあまり重視してはいませんでした。明文化こそしていませんでしたが、なんとなく採用メンバーの中で〝こんな人と一緒に働くことができるといいね〟ということについて対話が繰り返されていました。

私たちは、イエナプランの考え方が好きなだけではなく、他の分野や他の教育理念など多くのことから学ぼうとする人であってほしいということと、すでに多くの実践が積み重ねられている日本の公教育にもよい点がたくさんあることを認め、そこから素直に学ぶ人であってほしいということを願っていました。

例えば、公立学校ですでに働いている人については、現場でとことん実践してきているかということに注目しましたし、自分が現在いるところに不満を持つだけではなく、今いる場所で、よりよい方向へと自ら働きかけていこうとする姿勢にも着目しました。そして、対話を重ねることでそれぞれの学びに向かう姿勢や成長することについての考え方が見えるように感じていました。また、「イエナプランだけが素晴らしい教育なのだ」というように盲目的になることも求めてはいませんでした。なぜなら、イエナプランのコンセプトでは、広い世界から学ぶことも求められているからです。

つまり、イエナプランスクールで働くための「特別な条件」は特に設定していなかったといえます。ただ、「対話を重視できる人かどうか」「誰かと共に在ろうとする人かどうか」という点について重視したかったので、対話の時間を多く取れるような選考方法にすることになりました。

一次選考は書類選考です。提出してもらったのは「志望動機」と「現在、ご自身が所属している組織・チームなどについて感じていること、思うこと」の2問のみでした。この2つは、純粋に私たちが知りたいことだったと思います。一次選考では、エントリーしてくださった方々の人となりが分かる時間にしたい、ということが共通理解としてありました。集団での問題解決を図るようなアクティビティをしようか、とか、何かを協働してつくってもらおうか、というアイディアもありましたが、なんとなくそのことに違和感もあって、決めきれずにいました。理事メンバーで議論を重ね、気持ちの整理がついた時に、採用を担当していたメンバーに向けて私が書いた文章を共有したいと思います。

二次選考について、少し考え直しましたので、ご一読ください。

二次では、私たち採用メンバーが、「採用をする方々の人となりを知ることができ、私たちが決定するための基準を持っていれば、アクティビティをする必要は無い」という気持ちになってまいりました。

アクティビティを「人となりを見るための道具」として使うとなると、私たち採用メンバーが「観察・監督・審査員」的な立場になってしまいますが、私たちの基準は基本的には「一緒に働きたい人かどうか」ということが第一にあります。

だからこそ、

①人の話を聞くことができる
②自分の意見を話すことができる
③自分の気持ちや考えを書くことができる

という基準に則って対話を繰り返す場をつくることが、お互いを理解する一番の近道ではないかと思い直しました。つまり、「いろいろなテーマで、私たちも加わって、対話を繰り返していく5時間」という内容にしたいと思っています。

そんなわけで、アクティビティやテーマに沿って議論してもらうようなファシリテーションはやめて、私たちも、参加者の話を聞き、話し、書く、ということを共にする。そういう時間にすることで、互いのことが見えてくる時間にしたいです。

これから「共に働く人たち」という視点で考えると、私たち自身もより「自然」にいられる場をつくりたいと思います。

つまり、「志望者を観察すること」に違和感を持ちはじめた、というのが私の考えです。

「共に学校をつくる人」と考えた時に、観察したり、ジャッジする、に徹するのは違う気がしたのです。

私たちも、参加者から「選ばれる」存在なのではないか。そんな風に思っています。

「採用」とか「選考」とかそういう言葉を使っていると、どうしても「選ぶ側」と「選ばれる側」

という意識が生まれてしまうことに、この出来事で気がつきました。実際は、エントリーしてくださった方々は「選ばれる」という意識を持っていたと思います。でも、まずは選考の場をつくる私たち自身が「私たちも選ばれる存在なんだ」という意識を持つだけで関係性が変わってくると素直に思えたことで腹が決まりました。

結果、第二次選考では、参加者の方々と共に気軽なテーマでおしゃべりをすることからスタートしました。その後、グループを何度も組み替えながら、哲学的な問いについて話したり、「学校は何のためにあるのか」「民主的な話し合いをするためには何が必要か」などのテーマで対話を繰り返しました。

〝共に話して、聞いて、決める〟こととしては、「〝共に生きる〟学校を実現するために必要なこと3つ」を小グループで30分程度話し合い、みんなで意見を整理して発表しました。そして、〝考えを書いて伝える〟こととして、「なぜ私は教師として（学校事務として）働いているのか（働きたいのか）」というテーマで文章を書き、できた人から机に並べて、参加者全員でその文章を読み合いました。

5時間という短い時間ではありましたが、参加者の方々も共につながり、最後のリフレクションを兼ねたサークル対話では、それぞれがしみじみとオープンに、「採用選考」だということを忘れて話す姿が見られたのが印象的でした。

エントリーしてくださった人数が多かったので、二次選考は全部で3回に分けて行われたのですが、どの回でも同じ様な現象になったことに私は少しホッとした気持ちでいたのを覚えています。何より、うれしかったのは、

「今いる職場で、私にももっとできることがあると思いました」

というようなことを話してくれる方が一人ではなかったことです。選考の場が、「今の職場では出来ないから」とか「イエナプランスクールでなければ出来ないから」という思考から解き放たれるきっかけの場になれたことは、本当の意味で目指していたことだったように思います。「また会いましょう」とそれぞれが言いながら去って行かれる姿もうれしく、同時に、一緒に働く人たちを「選ぶ」ということは大変難しいのだ、ということを痛感しました。どの人も素晴らしく、どの人も一緒に働いてみたい。そんな気持ちになった時間だったからです。

三次選考は、個別面談をお願いしました。現在、大日向小学校の教頭として働く宅明健太さんは、当日のことを日記に書かれていて、この本を書くにあたって日記に書いてあったこと

を教えてくれました。面談に向かう途中で私と偶然電車の中で会い、そこで「緊張は無用です」と言われたとのこと（私はまったく覚えていなかったのですが…）。この話を聞いて、私たちはエントリーしてくださった方々と、じっくりと〝おしゃべり〟を楽しむ気持ちでいたことを思い出しました。

三次選考でもいろいろな話を交わしましたが、「苦手な人が職場にいたらどのように付き合いますか」とか「もし、不幸なことに学校法人の理事や管理職が事故で全員いなくなってしまったら、あなたはどうしますか？」というちょっと答えに困ってしまうような問いかけもしながら、楽しい「個別面談」になったと思います。

そうなると、やっぱり「誰かを選ぶ」難しさはますます強くなり、同時に「私たちも選ばれている」ということを感じる日々でもありました。実際に、内定後に入職をお断りされた方もいましたし、ちょっとだけ迷う時間が欲しい、と言われた方もいました。それは、新しい世界に飛びこむことを考えれば当然のことですし、正直にそのように伝えてもらえたことも、今となればすべて有難いことだったように思います。

イエナプランスクールの設立要件について

日本で初めてのイエナプランスクールと言われている大日向小学校ですが、私たちは日本イエナプラン教育協会の認定を受けて正式に「イエナプランスクール」となることができました。イエナプランスクールになるためには以下の要件をクリアする必要があります。

【日本イエナプランスクール認定要件】

（1）20の原則とコアクオリティが学校要覧に明記されており、教育計画に反映されていること。

（2）日本イエナプラン教育専門教員資格（注1）を持つ者が1名以上、かつオランダ短期研修（注2）修了者が2名以上組織にいること。ただし、専門教員資格を持つ者がいない場合、オランダ短期研修修了者が3名以上いて、そのうち 2名が日本イエナプラン教育協会が主催する研究実践発表会において実践発表を行い、協会特別顧問 及び理事の審査承認を得ることができれば、本要件を満たす。

（3）保護者の学校運営への参加の仕組みが公開されていること。

（4）日本イエナプラン教育協会の法人会員であること（公立教育機関を除く）。

（5）日本イエナプランスクール連合会（注3）に参加登録すること。

＊会員から特に見直しの要望がでない限り5年間はこの方針を維持する。

※（注1）日本イエナプラン教育専門教員資格とは…… 3ヶ月間のオランダ研修を修了し、かつ協会が主催する研究実践発表会で日本の教育現場での実践（もしくは日本の教育実践に関連づけた研究）の発表を行い、日本イエナプラン教育協会特別顧問及び理事の審査で承認される資格である。今後、協会は、日本国内でもイエナプラン教育専門教員資格が取得できるよう、環境を整えることを目指す。

※（注2）オランダ短期研修とは…… 毎年、春と夏に、オランダで行われる1週間から2週間の研修をさす（2019年より春季研修は2週間に拡大される予定）。
※（注3）日本イエナプランスクール連合会とは…… 日本イエナプランスクール認定校、協会理事、協会事務局からなり、認定校が主体となって運営する研究組織。

以上の要件を満たすために、大日向小学校では、日本イエナプラン教育専門教員資格を取得した教員を採用しています。

この要件は、公立学校でも申請でき、質も担保されるようにと決められた内容です。多くの方々にチャレンジしていただければうれしいです。

見つからない人材と、突然現れる人材

私たちは、採用選考を、学校設立決定前に2017年7月と2018年3月の2回行いま

した。採用する教職員メンバーは、２０１８年６月の設立申請時には決定していなければならなかったからです。つまり「もしかしたら学校ができないかもしれませんが、あなたを教職員として採用をしますよ！」と私たちが言わなければならない立場にいたということです。普通に考えたら、正気の沙汰ではないことです。「会社はありません。できるかどうかも分かりません。でも、会社で働く人を募集します」なんて話、私は聞いたことがありません（そんな話があったら詐欺かと思います）。

実際に、「できない可能性があるんですよね…？」とエントリーをしてくれた大学生に不安そうに聞かれました。選考当時に教員として働いている人は、学校ができなくても現場に残ることができたかもしれないけれど、大学生は、内定しても学校ができなかったら就職ができなくなってしまう…というリスクがあったわけです。

採用に関しては、「学校はできるかどうかまだ分からない」と正直に言うしかない私たちはかなり苦しい気持ちでいました。それでも、本当に多くの方々がエントリーしてくださったことを、ここで感謝申し上げたいと思います。ありがとうございました。

採用について最も肝を冷やしたことは、実は1回目の採用選考時に、養護教諭のエントリーが一人もいないという事態が起きたことでした。

この「養護教諭が足りない！　問題」は、過去に学校を設立した経験のある方々からも噂で聞いていたことだったので、（私たちもやっぱりそうなのかぁ…）という気持ちでいました。正直に心情を告白すると、「一人くらいは来てくれだろう…」とあまーく考えていた私がいたことも事実です。

養護教諭がエントリーしてくれない最大の原因は、養護教諭の免状をお持ちの方に対して情報そのものがなかなか届かない、ということでした。採用情報については、知り合いの先生方を通して対象者の皆さんに届くことが多いのですが、養護教諭の知り合いも少なかったため、情報拡散が難しかったということもあります。

採用ルートとしては養護教諭免許が取得できる大学などに情報掲載をお願いすることが有効だったはずなのですが、「学校ができるかどうかまだ不明である」ということは大きな壁になりました。そりゃそうです。大学側だって、大事な学生が路頭に迷うことをみすみす許すわけもありません。

よって、2回目の採用選考に向けて私はありとあらゆる人たちに声をかけまくりました。

教育関係かどうかも関係なく、仕事でもプライベートでも、出会った人に「養護教諭で、新しい学校とかイエナプランに興味持ちそうな人知りません？」とそれはもう、手当たり次第。

そうすると、ごく稀に「いるよ。紹介するよ」と言ってくれる人がいて、実際に会いに行ったり話したりして、「今度採用選考があるのでエントリーしてくれませんか？」とお願いもして、結果、２回目の採用選考には複数名の養護教諭候補の方々がエントリーしてくださったのでした。

そんな風に、こちらから声をかけまくらないと見つからない、ということもあれば、まったく逆に、採用する予定もなかった枠が、あるアプローチで生まれた例もありました。

それは、開校より1年以上前の２０１７年11月のことでした。

ある日突然、設立準備財団のホームページの問い合わせフォームより、「私は大日向出身で、佐久東小学校出身です」という人から連絡がありました。

そのメールには、大日向の自然は大変素晴らしいこと、その環境が今の自分を育ててくれたこと、高齢化に伴う農業の衰退や耕作放棄地をどうにかしたくて大学に進学したことなどが書かれていました。そして、「何かお手伝いさせていただけることがあるのであれば全力でご協力したい」と力強いメッセージがこめられていたので、そういう時には行動が異常に早い私は、「お会いしたいです」とお返事をしました。

実際にお会いする日に現れたのは、細くて可愛らしい笑顔が素敵な大学生でした。現在、大日向小学校で環境教育ファシリテーターとして働いている山口都さんです。

都さんと初めてお会いした日には、大日向のことや、大学で学んでいること、地域の方々との連携について、設立準備の難しさについて、ありとあらゆる話をしました。その中でも、彼女は特に佐久東小学校時代の話と、自分のふるさとの学校への想いを熱く語ってくれました。

「小学校が高齢者施設になるっていう噂もあって、でも私はあの学校は老人ホームにするよりり、子どもたちが自然体験できるような施設にしたくて、なんなら自分が買おうかとか思っていたところに、学校になるって新聞に出て…」

自分で校舎を買ってどうにかしたいと思っている人が、ここにもいたのか！と驚きつつ、「この人、面白い！」という気持ちで内心ワクワクしながら私は話を聞いていました。

彼女はイエナプランのこともよくわかっていない、ということだったので、コンセプトの話などをさせてもらうと、

「佐久東小学校は、私の子どもの頃にはすでに人数も少なくて、学年関係なくみんなで遊んでいたし、すごく似ている気がします。あと、私もイエナプランの考えに近いことができたらと思っていました！うれしい！」

と言ってくれたのです。

そして、当時の学校では、めずらしい鳥が隣りの市に巣をつくり繁殖した、という情報が学校に入って来ると、当時の担任の先生がクラス全員（5人）を観察しに連れて行ってくれたとか、冬は田んぼでスケートをして遊んだとか、いつも地域の人の家に上がりこんで遊んでいて、こたつで眠りこんでしまった都さんを、お母さんが「都はいませんか？」と探しに来たことがあるとか、遊び場は野山だったとか、面白い話をいっぱい聞かせてくれました。

そういう話を聞いているうちに、地域の人も土地もよく知り、地域を愛し、しかも子どもたちへの自然体験への想いもあり、休耕田などに対する地域の課題意識もあって、しかも若い（！）この人と一緒に学校をつくれたらどんなにいいだろう、と思いはじめていた私がいました。

しかも、都さんからも、「なんでもいいから関わりたい！」という熱意があふれて出ていたので、「これは両想いだ！」ということで、「わかった。審議会にかけ合ってみます」と会ったその日に言ってしまったのでした。

我ながら無謀なことのように思えますが、こんなチャンスを逃す方がバカだと思っていた当時の私をほめてやりたいです。その後、無事に審議会でも「そういう存在はありがたいですね」と皆さんからも同意をいただき、都さんが大学を卒業した直後の2018年4月から、財団所属となっていただきました。ただ、まだ社会人経験がなく、開校前に農業の勉強もしてもらいたいという想いが私たちにもあったので、理事の麻さんの計らいで体験農園の運営などをしている株式会社マイファームへ出向してもらうことになりました。

都さんは、教員免許は持っていません。でも、こうして大日向小学校に新しい職をつくってくれた、開拓者となったのでした。今ある文化を継承するために、新しい文化をつくろうとするなんて、なんてイエナプランらしいのでしょう（「20の原則」の原則5をご覧ください）。

後日談ですが、最初は、「イエナプランってなんか怪しそうだ。どんな学校をつくろうとしている人たちなのか？ もし変な人たちだったら大日向の人たちが困るかもしれない。大日向の人たちは私が守る！ 自分が人柱になってもいい！」という強い正義感を持って私に会いに来た、ということでした（人柱って…）。今では「都ちゃんはどれだけ大日向が好きなのかねぇ！」とツッコミを入れたくなるような笑い話です。

そして、もう一人、教員としてではなく、採用選考もなく一緒に働くことになったのが、現在地域連携ファシリテーターとして働いてくれている塚原さんです。塚原さんも、設立申請書類の提出まで1年を切って、ちょうど私が人手が足りなくて四苦八苦していた２０１７年10月に「綾さん、学校づくりで僕が関われるような仕事はありませんか」と声をかけてくれました。

彼は、大学院を卒業してすぐに復興支援活動団体にスタッフとして参画し、そこで数年間、じっくりと地域連携の仕事を一緒にやって来た仲間でした。その後はＵＤＳ株式会社（大日向小学校のリフォーム設計をお願いした会社です）に就職し、地域コーディネーターとして鹿児島県の事業を担っていました。

塚原さんが佐久穂町に住んでくれたらいろいろとお願いしたいことはすぐに私の頭には浮かびました。ちょうど佐久穂町に拠点となる事務所（一軒家）を借りようとしていたタイミングだったのもあり、

「11月からすぐに佐久穂町に移住できる？」

と試しに聞いてみたところ「行けます」ということで仲間に加わってもらえることになりました。

しかも、鹿児島から婚約者を連れて一緒に移住するというのだから、かなりの変わり者です。しかし本人はおそらく自分のことを「歩いてきたらこうなった」と思っているような、そんな人です。

私たちが拠点として佐久穂町の海瀬駅近くに借りた家は、のちに校舎のリフォームをお願いすることになる、井出建設興業の井出正臣さんが大家さんでした。借りる前に、

「店舗スペースがある家なので、もしかしたらそのスペースは地域活性のために他の人に貸すかもしれないけれどいいですか？」

と聞かれたのですが、すぐに私は、

「あ、この家に住む予定の人は、その店舗スペースを活用して何かをしたいと言い出す人だと思います」

と答え、それは現実となりました。

塚原さんはその店舗スペースを、２０１８年5月には『ｍｉｋｋｏ（ミッコ）』というドーナツ・カフェとして開店させ、「学校に興味を持って佐久穂町に来た人たちが、学校のことだけでなく街や移住などの情報を得られ、地域の方々とも交流してもらえるようなコミュニティスペース」として生まれ変わらせました。

実際に、学校の校舎はリフォームも始まっておらず、学校に興味を持ってくださった方々に来ていただく拠点がなかった私たちにとって、佐久穂町に常駐する初めてのメンバーとして塚原さんがコミュニティスペースをつくってくれたことは、いろいろな出会いにつながっていきました。

また、ドーナツは、佐久穂町の小麦粉や季節の果物などを使うなどして、地域の農家さんとのつながりも生まれました。ドーナツを買いに来る地域の方々にも、小学校のことなどを知ってもらえる場となり、塚原さん夫婦の人あたりのよさもあって、じんわりと地域に根ざすことができたと思います。これも、塚原さんの5回に渡る移住経験と地域連携に関する知見のおかげでした。

内定者との設立準備

開校の約1年半前には教職員の半分以上が内定していました。のちに、養護教諭2名と教員1名は2018年4月に決定し、初めて「全員」が集まったのは、2018年4月28日のことでした。

初回は土日を使って2日連続の研修としたのですが、1日目は7時間かけて一人ひとりの自己紹介のみで終わりました。大体一人30分程度話した計算になり、終わった時には、みんなお風呂上がりのような穏やかな熱気があったのを覚えています。それぞれにここにたどり着いた理由があります。互いに距離があって当然の初日にじっくりサークル対話からスタートできたことはよい思い出です。これから新しくメンバーが増えていったとしても、そういう環境をつくりたいと思います。

開校が2019年4月の予定でしたから、準備期間が1年あるように思えましたが、桑原校長・宅明教頭・原田さん以外の内定者は、別の職場で「働きながら」準備や研修に関わってくれていたので、無理強いはできない状況でしたし、全員で検討していく、ということがなかなか難しい環境でもありました。

だからこそ、カリキュラムなども決め過ぎないように、教材も勝手に決め過ぎないように、ということに注意しながら進めていました。「誰かが決めたこと」と感じてしまうと、自分の意見が言いづらくなったり、気持ちが乗らなかったり、ということが起きることが予想できたということがありましたが、やはり、どうしても時間的に事前に決めておかなければならないこともあり、その塩梅は難しいところでした。

そんな中で、私たちは、『学校のがっこう』と名付けた内定者向け研修プログラムを実施しました。毎月1回は顔をつき合わせて会う「会うがっこう」と、月に2・3回インターネットテレビシステムのＺｏｏｍを活用して対話を重ねる「夜間がっこう」という時間を持ち、互いのことを知ること（チームビルディング）と、イエナプランのコンセプトを学ぶことを主軸として、学校をつくっていくために必要なことについて学んだり話し合ったりする時間を過ごしました。

内定した方々はさまざまな地域に住まわれていたので、「会うがっこう」は大変貴重で、唯一の顔を合わせて話すことのできる時間でした。宮城から秋山真一郎さん、長野から福田健さんと後藤資幸さん、愛知から服部秀子さん、千葉から北澤比奈子さん、神奈川から桑原昌之さんと山口都さん、東京から宅明健太さんと佐藤麻里子さんと原田友美さん、島根から川村恵梨奈さん、そして、福岡からは協会代表の久保礼子さんと、月に1回会うだけでも本当に大変な中、ゆっくりと関係を育んでいけたと思います。

私たちが学んだことは、例えば、チームとは何か（組織について）、ペーター・ペーターゼンの思想について、ブロックアワーとワールドオリエンテーションのつながりと設計について、マルチプルインテリジェンスとは、遊びについて、図書と図書館の活用について、評価の考え方、教材の考え方と選択、教職員の仕事について（校務分掌のプロジェクト化）、体験会（季節のがっこう）の運営について、などです。あっという間に1年が経ってしまいました。正直な気持ちとして、常に時間が足りないと思っていましたし、開校後のことを考えると足りていないことばかりなような気がして、ずっと何かに追い立てられているような気持ちでした。

実際、2019年4月1日に全員が大日向小学校に集まった時には、「この1年の研修があってよかった。いきなり集まっていたらこんなリラックスした気持ちでここにいられなかった」

と言う声がありましたが、「あれについては、どうなっていますか？ これについてはどうしますか？」という質問も多く出ました。そりゃそうです。決して開き直るわけではないですが、いくら時間があったって、やるべきことに終わりはありません。だからこそ、誰もが主体的に関わることができる環境をつくらねばなりません。それは、今も続いているように思います。

Ｚｏｏｍで行なっていた「夜間がっこう」については、「自身の強み」や「リフレクション」など、テーマをもって学んだものもありましたが、主に「イエナプランのコア・クオリティ」について『イエナプラン教育　共に生きることを学ぶ学校２　イエナプラン教育をやってみよう！（ほんの木）』を活用してブッククラブを行っていました。１回90分しかなかった「夜間がっこう」では、少人数グループに分かれて、読んで感じたことを共有し合い、その後全員でまた対話をする、という流れで進めました。

実際に会って話す時に比べれば話しづらい部分も多々あったとは思いますが、「支援とは何か」「自分らしさとは何か」「自立するとはどういうことか」など毎回本質的な問いが自然と生まれる時間となりました。今こうしてあの頃のことを思い出していると、やはり学校が開校してからは、イエナプランのコンセプトについてあの頃のようにじっくりとは教職員全員で語り合うことが足りていないなぁ、と感じているところです。しかし、あの頃はまだ、目の前に実際の子どもたちも保護者もおらず、「自分たち」を通して互いの違いを知り、共に学校をつくっていくための準備をしていました。時間がかかる作業なだけに、みんな夜の時間をやりくりしながら大変だったとは思いますが、続けてきた意義はあったと思います。

裏方でこの研修プログラムを設計していたのは、日本イエナプラン教育協会の代表理事である久保さんと、設立準備財団の理事の長尾さんと、私でした。私たちは、「夜間がっこう」が終わってから再びZoomでつながり、研修の振り返りを1時間程度していました。この時間を通して、リフレクションの価値を一人の学習者として改めて実感し、私たちも、常に学び続ける大人として、学びの機会をいただいていると感じていました。

内定者の方々の中には、学校が開校する直前まで公立小学校で働いている方々もいたので、私は何度か現場で働く姿を見学させてもらいました。「今いるところでできることを全力でやる」という前提があってこそ、新しい環境でも力を発揮できると思っていましたし、共に学ぶことは何も開校後でなくてもできると考えていたからでした。

私としては、教室を訪問し、気が付いたことや聞きたいことを元に、これからどんなことができるか、どんなことにチャレンジしてほしいか、などを事前におしゃべりしたいという気持ちが強くありました。先生方にしてみれば、現場での姿を誰かに見られることは、決して嫌なことではないにしろ、やっぱりちょっと緊張することだったと思います。それでも見学を受け入れてくださったことに感謝しています。

それぞれの先生の公立学校での取り組みは、ユニークだったり、丁寧だったり、不思議に思うことがあったり、本当に現場を訪問させてもらえてよかった、と思うことばかりでした。丸々1日一緒に過ごさせていただくと、先生方が何を大切にしたいと思っているのか、どんなことで悩んでいるのかなどが、じんわりと感じられます。

先生方にとってあの時の私は、観察者の一人だったとは思うのですが、私にとっては、大日向小学校でそれぞれの強みを発揮してもらえるようにどんな環境をつくればよいのかを考える時間でもありました。「ああ、この実践を大日向小学校でも活用してほしいな」とか「ここはもうちょっと工夫の余地がありそうだな」とかいろいろ妄想する時間であったと共に、率直に私が見たことや感じたことを伝えるリフレクションの時間でもありました。

こうやって書くと、なんだかとても私が偉そうで嫌なのですが、誤解の無いように伝えておくと、私が正解を持っているわけではなく、互いに互いのことを客観的に観察してフィードバックをして、次に進むために何ができるかを、共に考える機会だったと思ってください。しかも、先生方が自身の授業を振り返るのに一番効果的なのは、私の言葉などではなく、第三者が撮影した動画だったりするわけで、「実際に起きたこと」を動画で「客観的に見ながら」一緒に話し、考えるという時間は、大変貴重な時間でした。

動画を用いたフィードバックは、開校してからも続いています。先生方が客観視できるように、なるべく多くの動画を撮るようにしています。

やはり、「現場で起きていること」に勝ることはないわけで、そういう意味でも、子どももいない、校舎も準備できていない、という準備期間は本当にモヤモヤする期間でした。だからこそ設立準備期間中に、現場を持っていた先生方と、「実際に起きたこと」を通してやり取りできたことで、私は助けてもらったような気分でした。

○第7章　学校を知ってもらう

学校をつくろうとしていることを知ってもらうために

すでにお話をしたことでもありますが、２０１８年12月25日に長野県から正式に学校設立認可を受けるまで、私たちは、「学校ができます」と宣言することは許されませんでした。できるかどうか分からないものに、「できる」と言い切ってしまってはいけないという至極明確な理由です。ですから、「学校をつくろうとしていることを知ってもらう」ために、いろいろな広報活動を、くれぐれも誤解を生まない、いくつかの方法でトライしていました。

① 体験会（季節のがっこう）の実施

学校がまだ無い環境で、どうしたら「イエナプラン」を少しでも理解してもらえるか、ということを考えると、やはり体験するということが一番の近道でした。

幸い、リフォームはされていなくても校舎を使うことはできました。教室やランチルーム、校庭、体育館を会場として、地域の方々にも協力をしていただきながら年に4回、季節ごとに開催しました。

でも、「たった1日の体験でイエナプランを理解してもらう」ことは難しいということを私たちは分かっていました。だからこそ、私たちが短い時間で子どもたちにも保護者にも実感してもらいたいことはどんなことだろうか、という視点で考えていきました。本当は、1週間くらいかけたサマースクールなどができるといいという話も出たのですが、宿泊を伴うプログラムはまだ荷が重く、1日プログラムでできることをしよう、ということになりました。

第1回は2017年8月に「夏のがっこう」と題して開催され、大人と子どもを合わせると120人以上の方々が集まりました。それを見た地域の方々が「こんなにこの学校に人が集まるなんて」と驚きと笑顔を見せてくれたのが印象的でした。

ただ、第1回目ということもあり、私たちにとっては失敗もありました。子どものプログラムのことを中心に考えていたので、大人はお昼ごはんをつくってくれる地域の方のお手伝いをしてもらい、交流してもらおう。という計画でいたのですが、大人はやはり子どもたちの様子を見たくて、誰も手伝いにきてくれなかったということが起きてしまいました。

私たちのアナウンスの仕方もよくなかったのですが、ここで感じたことは、保護者の方々を「お客様」にしてしまったのは私たちだったんだ、ということでした。

手伝ってくださっていた地域の方々からも、「こういう地域で何かを始めるということは、地域の人たちと共に活動していくことなんだということを保護者の人たちにも知ってもらわないとうまくいかないよ」と厳しい言葉もいただきました。これは、保護者の方々が悪いのではなく、私たちの在り方が甘かったと言わざるを得ないものでした。

しばらくこの出来事で私は深く落ちこみ、自分の至らなさを受け入れて、体験会のあり方を変えることにしました。

第2回目以降は、子どもプログラムと大人プログラムを完全に分けて、大人の皆さんにもイエナプランについて学んでもらう方向に切り替えました。地域の方々にも参加していただきながら、よいところばかりではなく、「佐久穂の現実」を話してもらえるようにお願いしました。こうやって切り替えていけたのも、地域の方々の率直な声のおかげでした。

私立学校は、客商売と同じだ、と言う人もいます。確かに学校は、授業料をいただいて運営しますが、保護者や子どもたちがお客様になってしまうと、「共につくる」ことはできないのではないでしょうか。学校に対する〝消費者〟にしてしまってはいけないと思うのです。自立した市民を育てるというイエナプランのコンセプトから考えれば、やはりそれは反するところです。それなのに、最初の季節のがっこうのプログラムは無意識のうちにそうなってしまっていました。

この〝無意識のうちに〟というのは、結構罪深いことです。

季節のがっこうは、始める前から「開校後も続ける」ということを決めてスタートしました。教職員にとっても、プログラムの運営自体が学びになりますし、進化していければよいなと思っています。

②説明会や見学会の実施

私たちは、学校入学のために移住をされる方々を想定して、大日向以外に、説明会を東京、佐久、高崎、名古屋、大阪、福岡でも行いました。「ちいさな説明会」と称して、大日向や東京での説明会は少人数で回数を多く行いました。理由は、「100組のご家族がいれば、100通りのニーズがある」と思っていたからです。

少人数でじっくり話す時間を取れる説明会を実施した方が、一方通行にならずお互いの人となりを知ることもできやすくなる、という想いで行なっていました。これは、回数が増える分、大変なことではありましたが、どんなことを望んでいるのか、何を心配されているのかなどを直接お聞きできるよい機会でしたので、少人数制で行なってよかったと心から思っています。

そして、環境はなるべく「リビングルーム」のような場を目指しました。教室はリビングルームのように居心地がよくなければならないというコンセプトを、少しでも説明会で感じて帰っていただければと思ってのことでした。

それと同時に、まだ存在しない学校について説明しなければいけない難しさに私たちは直面していました。できることとできないことがあることは分かりつつも、存在せず・まだ始まっておらず、の学校について誇張して話すことはできないので、期待値を上げ過ぎないように、「ここに通えば楽園がある、というようなことはありません」と毎回お伝えしていたように思います。本来は、アピールしなければならない場面でおかしな話ではあるのですが、それでも、まだ存在しないものをみんなが同じようにイメージすることは不可能でしたし、大変難しい作業でした。

そして、「オランダの教育」が日本に来るのだ、という見られ方とのズレもあったように思います。私たちは、ドイツやオランダで積み重ねられてきた知見についてはとても大切に思っていますし、学ぶことがたくさんあると考えています。しかし、「オランダのものをそのまま日本に輸入する」ということではないことを、それを期待していた方々に理解してもらうこともなかなか難しいことでした。

日本にはまだないけれど、子どもたちがどのように学ぶのかがイメージできない、と言われれば、オランダのイエナプランスクールの動画をお見せすることもありました。もちろん、日本の教室で近い実践をされている方の様子をお見せすることもありましたが、どれもこれも、「大日向小学校」ではないので、大変心苦しいところはありました。もちろんこういうことは、人間同士の対話の中ではままあることで、私たちがもっと伝え方を工夫し、考えなければいけないところだったとも思います。そして、この「まだ存在しない学校」に、説明会や体験会への参加のみで通うことを決断してくださった方々に心から感謝いたします。

③ 動画で伝える

「まだ存在しない学校」を説明するということに大変苦労していたので、より私たちの想いをご理解いただくために、せめて季節のがっこうでの様子（つまり、日本での様子）を動画にしてお伝えたい、と考えました。

動画をつくるとなれば、撮影や編集を頼みたい方は決まっていました。リヒテルズ直子さんがオランダ・イエナプランに関するDVD（『明日の学校に向かって―オランダ・イエナプラン教育に学ぶ―』発売元 一般社団法人グローバル教育情報センター／企画・制作 ギガビジョン株式会社）を出された時の撮影と編集をされた津田盛治さん（株式会社ラストカット）です。津田さんは、オランダでの撮影を通して、イエナプランのことを深く理解していらしたのと、何よりイエナプランのコンセプトに共感していらっしゃるのが大変よく伝わってくる方でした。そして、日本にイエナプランスクールができることを、心から喜んでくださった方でもあります。私たちが伝えたかったこと、どのような学校をつくりたいと考えているのか、地域の方々との様子など、まだ存在していない学校だったとしても、「そこに関わる人々」を通して想いを伝えてくださいました(私としては、インタビューなどは恥ずかしかったですが…)。

この動画には、季節のがっこうで撮影してから数週間後に亡くなられた小須田武彌さんが、子どもたちと話している様子も使わせていただきました。ちょうど私のインタビューシーンを撮影した直前に亡くなられたので、私と津田さんは地域の方々の話をしなければならないところで、泣きそうになりながら撮影したのを覚えています。

動画は、人々の生きるエネルギーも一緒に伝えてくれます。それゆえ、動画を公開した時の皆さんからの反響は大きく、少し怖くもなったのは事実でした。しかし、何も嘘はついていない自信がありましたので、あとはそれを実現することに邁進するしかありませんでした。

④ 取材を受ける

「新しい学校が佐久穂町にできる」ということはニュースとして新聞やテレビに取り上げていただきました。特に、こちらからプレスリリースなどを出さなくても、ありがたいことに地元のメディアの方々からお声をかけていただき、長野県に小さな小学校ができることは少しずつ広まっていきました。

私たちが初めて大日向地域で「学校を設立したいと思っています宣言」をさせてもらった

地域向け説明会の後、それを伝える新聞記事を見て、現在大日向小学校で学校事務を担当する後藤資幸さんは、「何でもいいから地域のために手伝わせてほしい」と私たちのところに連絡をくださいました。

後藤さんは佐久穂町の隣町である小海町へ10年以上前に移住されていて、地域のことも、人も、よくご存知で私たちにいろいろと教えてくれました。一番驚いたのは、季節のがっこう当日の朝、お願いした訳でもないのに、校庭の草刈りを自らしてくださっていたことです。「誰かが草刈りしてくれてるけど…誰??」と私たちがドキドキしていたところに、「おはようございます!」とフェイスガードを取って姿勢よく大きな声で挨拶してくれました。「関われるだけで本当にうれしいんです」と常に主体的な関わりをしてくださった後藤さんに出会えたのも、新聞記事のおかげだったと思うと、メディアを通した出会いは確かにほかにもあり、ありがたいことでした。

中でも、先にご紹介した竹内延彦さんと共に古くから私の知人でもあった、信濃毎日新聞社の向井紀文さんが、大日向に足を運んでくれて、大日向地域の歴史や現状、学校ができるかもしれないことによる未来への展望にフォーカスした連載を考えていると話してくださった時は、私たちも大日向のことを知るチャンスだと思い、ぜひとも協力したいとお伝えしました。この新聞連載は、私たちのことを長野県を中心に広く知っていただくよい機会にもなりましたが、それ以上に、地域の方々が抱える歴史や、それに伴う学校への想い、そして移住者への想いなどいろいろなことを私たち自身が学ぶ機会となりました。

大日向には、満蒙開拓に関する歴史があったり、生まれた時から大日向に住み続けている方や、数十年前に移住してきた方がいらしたりと、いろいろな背景をお持ちの方々がお住まいです。地域に対する想いも人それぞれです。学校が新しくできることに対しても個々に想いは違います。頭ではわかっていても、その違いに対する不安のすべてを解消することはできないのも事実です。

「学校ができることはうれしい。だけど、移住してきた人たちがこの地域の文化や守ってきたことを壊すようなことにはならないかい？」

と地域の方に率直に聞かれたことがあります。私は、

「わかりません。壊れることもあるのかもしれません。でもその時には、とことん話し合っていくしかないのだと思います」

と答えたところ、その方は、ニカッと笑って
「そうだな！　その通りだな！」

と仰りました。

この時は、そう言ってくれる人がこの地域にいてくれてよかった、と思っていたのですが、少しずつ大日向の方々と関わっていくにつれ、そういうことでは無いような気がしてきています。

もともと、大日向地域の自治の仕組みは区長などの役が2年ごとに回ってくるというよくある自治会制度ではあるのですが、そこをおざなりにせずに「しっかり」守ろうとする文化があるからなのではないか、と思えるようになりました。そのような仕組みを守ろうとすれば、対話の文化が醸成されるのは当然で、口では「大変なんだよなぁ」などと言いながら、笑顔で真剣に「しっかり」お互いに支え合いながら地域のために仕事する方ばかりということに気がついたのです。

たかだか数年関わらせていただいたくらいでは、その大変さについて、私たちは絶対に分かり得ないというのが本当のところではありますが、「対話していくしかない」ということを

すんなり「そうだな！」と受け入れてくださる方々がいるのはそういう土壌があるからではないかと思います。

今回の新聞連載に伴う取材でも、「豊かさ」とは何かということで地域の方との考えの違いに触れることができました。東京在住の私から見れば、大日向の自然も、そこで暮らす人たちの優しさも、「豊かだ」と感じるけれど、「それはこの大日向の過酷さを知らないから言えるんだ」という声も頂戴しました。どちらも真実なのだと思います。だからこそ、こんなことを言うとますます怒られてしまうかもしれませんが、こういう考え方の違いを交わし合えることこそが「豊かだ」と私は感じてしまうのです。

このような貴重なやり取りができたのは、信濃毎日新聞の新聞記者の方々が、大日向に長期間住みこみ、地域の方々の生活に入りこんで取材をし、新参者の私たちと、地域の方々とをつなごうとしてくれた背景がありました。彼らがハブとなり、守るべき文化と新しくつくられる文化のつなぎ役をしようとしてくれたのです。正直なところ、通常はメディア取材であまりよい想いをしたことは無いのですが、信濃毎日新聞の方々とは、それを越えて友人としての関係をつくらせていただけたことで、いろいろなことが実現したと思います。そして、地域との連携をさせていただく時に、「間に入る人」の存在はやはり重要なのだと実感しています。

児童の募集をするときに伝えようとしていたこと

説明会で質問されることの一つとして、「選抜はどのように行われるのか」ということがありました。私立学校ですから、入学試験はどのような形で行われるのか、という質問が出るのは当然のことでしょう。

私たちは、入学試験のような選抜をすることはせず、万が一定員より多くの方々が入学を希望してくださった場合は、「くじ引き」をすると決めています。それには、イエナプランのコンセプトの一つでもある「インクルーシブであること」ということに則っています。私たちが目指しているのは、「一人ひとりを大切にし、私たちは誰もが違い、価値ある存在であるということを前提に、共に生きることができる学校」です。そしてそれが、とても難しいことを理解した上で挑戦しようとしています。

ただ、この「インクルーシブであること」を互いに理解することは本当に大変なことだなぁというのが私の実感です。インクルーシブとは、「包括的な」という意味ですが、インクルーシブな教育というと、「すべての人たちのための教育」であるという解釈ができます。

この「すべての人」とは、障害がある人とない人、男性と女性、日本人か日本人ではないか、などの何か特定の違いのことを指しているのではなく、本当に「すべての人」のことを指しています。そう考えた時に、学校のテストでよい点数が取れた人たちとか、何か特定なことに長けた人たちなどの「同質的な集団」にしないことが求められていると私たちは考えました。それゆえ、選抜をせずに抽選にするという選択は、私たちにとってはとても自然に受け入れることができました。

しかし、現実は、その想いとは逆に、「私たちの子どもは特性を持っているのですが大日向小学校は受け入れてくれるのでしょうか」という問い合わせが多くありました。

この話は、誤解を恐れずに書き進めなければいけないことですが、とても大切なことなので書き進めてみます。

「こんな特性があるけど受け入れてくれるのか」という質問は、日本の学校教育現場の現状を表しているのだと感じざるを得ませんでした。もちろん、公立学校の中でもインクルーシブ教育を実現しているところはあります。しかし、今いる環境から「阻害されている」と感じていたり、「うまく入れなかったらどうしようか」と不安に思い、自分たちが心地よいと思える環境を探している人たちがこんなにもいるのか、ということを目の当たりにしました。

これは、障害のあるなしはまったく関係の無いお話で（そもそも、障害とは何か、ということから話さないといけません）今いる場所やすぐそばにいる人たちに、「受け入れてもらえない」または「何か違うと感じる」という気持ちを持っている人たちが数多くいた、ということでした。

これは、何を表しているかというと、日本の社会に…というと大げさ過ぎるのであれば、「学校」と限ってもいいですが、それだけ「多様性」がない、ということではないでしょうか。

多様でない、ということは、選択することができない、ということでもあります。選択肢がないということは、それぞれが自分にとって居心地のよい場所を探すことが大変難しくなるということです。もちろん、選択肢が増えたら増えたで、「選択する苦しみ」も出てくるわけですが、それでも私は、選択の自由がないことよりは、選択する苦しみがある方が、幸せなのではないかと考えています。

私は、学校現場で真摯に一人ひとりを大切にする環境をつくろうと実践している先生方をたくさん知っています。ですから、日本の学校はダメだなんて口が裂けても言いたくありません。しかし現実は、それでもまだまだ選択肢は足りていない。そして、その一助となりたくてイエナプランスクールをつくりたいと思っていたけれども、イエナプランスクールを1校つくっただけでは、「誰もが、豊かで幸せだと思える世界」に追いつくことはできないということを、「受け入れてくれるのか」という問い合わせがある度に、まざまざと見せつけられた気がしました。

だからと言って、「1校」できることに価値がないかと言えばそれはまったく違うわけで、せめて、まずは一つの選択肢を増やす、ということからしか始まらないとも感じています。

「誰もが、豊かで幸せな世界をつくる」という建学の精神を私たちは掲げていますが、やっぱり私たちは、「大日向小学校に来れば〝楽園〟があるということではない」と言い続けるのだと思います。もちろん、「誰もが、豊かで幸せな世界をつくる」ことを目指しています。それは、本当に諦めたくないことですし、諦めてはいけないことだと思っています。一人ひとりを大切にするためにどうしたらよいのかを考え、トライし続けることを約束しますし、違いを認め合える安心安全な環境をつくるために努力は惜しみません。だけれども、大日向小学校は、すべての人にとっての〝楽園〟にはなれないのです。それは、なぜか。

私たちは、自立した市民の育成を目指しています。

子どもたちはもちろん、大人についても同じです。教職員も、保護者の皆さまにも、自立した存在として子どもたちと関わっていただけたらこんなにうれしいことはありません。だからこそ、私たちが「消費者」としてだけ生きていくのではなく、誰かと共に、自立的に、世界に対して責任を持った生き方をしていくことで初めて、それぞれにとっての「豊かで幸せな世界」が浮かび上がってくるのだと思います。そういう世界を私たちは〝楽園〟とは呼びません。

つまり、「この学校は受け入れてくれるかどうか」とか「この学校は要求を聞いてくれるかどうか」ではなく、「共にあろうと〝お互いに〟思えるかどうか」が重要です。

私たちの学校では「この学校に通ったら、家族全員が幸せになれるかどうか」で入学について検討してほしいと願っています。

「幸せ」は曖昧なものです。幸せは人によって違うものです。だからこそ、です。

一つ、わかりやすい例を挙げてみます。

私たちは、開校前に多くの保護者の方々が求めていたことに対して、「できない」と伝えていたことがあります。それは、学童保育の運営でした。

移住してくる家族が多い上に、働く保護者が多い中、子どもたちの放課後の過ごし方が心配事の一つであることは理解していました。私たちも、佐久穂町の町営学童保育や佐久市の児童館の受け入れルールなどについて情報を集め、できる限りの情報提供はしてきましたが、やはり学校法人として学童保育の運営を初年度からスタートするのは難しい、という結論が出ていました。

説明会や季節のがっこうなどで質問される度に心苦しくなりながらも、「できない」ということと、誰かがやってくれたらうれしいなぁ…ということをお伝えしていたところ、自分たちで運営することを検討しはじめてくれた保護者の方々の動きが見えはじめました。そして2019年3月、開校直前に行われた入学決定者向け説明会ではついに、「学童保育を立ち上げようと思っているのですが、保護者の皆さんに声をかけさせてもらって、興味ある人たちを募ってもいいですか」と手を挙げてくださった方が現れました。

私は、〝自立している人〟とは、助けてほしいときに「助けて」と言える人だと思っています。そして、自分が倒れない程度に、助けを求める人を自分の意志で助けようとする人だとも思います。

今回、私たちが「できないから、助けてほしい」とやんわりと伝えていたところ、「自分に何ができるだろうか」と主体的に考え「自立した市民」であろうとしてくださった方々が私たちを助けてくれました。そしてこの出来事は、私たちにとって、大変誇らしいことでもありました。こんな素敵な大人たちがたくさんこの学校に入学してくれて、一緒に学校をつくろうとしてくれるのだということは、想定内でもありましたが、「ここまでとは思っていなかった！」というのが本音です。

余談ですが、大日向小学校の学童保育「ひなたぼっこ」は、4月の開校後すぐに保護者の方々によって運営が始まり、2019年9月現在、40名以上の子どもたちが登録しています。

開校直前に再度行われた町民説明会

学校設立が決定したのが２０１８年12月26日。そして、２０１９年１月10日から第一次生徒募集が始まり、第二次生徒募集を行っている最中だった2月16日。

私たちは、大日向地域の皆さんに向けて「学校が開校することが決定し、児童も集まりつつある」ということをお伝えする説明会を開催させていただきました。

どのような学校にしていきたいと考えているのか、校舎はどんな風に変化したのか、何名くらいの児童が入学するのか、などをご説明させていただきました。私たちが予想していたよりも多くの地域住民の方々が参加してくださり、寒かった公民館の部屋が、最後は熱気で暖房を消すほどでした。

教職員一人ひとりの紹介をさせていただいた時には、「島根から来ました」「名古屋から来ました」という言葉に「おー」という小さな反応もいただき、いろいろな地域から大日向小学校開校に向けて人が集まって来ている、ということが伝わる瞬間でもあったと思います。

まだ児童募集の途中であったこともあり、「大日向に住む子どもは何人なんだ」という質問に、まだ大日向地域で家を探している最中で、最終決定していない家族が数組いたものの、正直に「1名です」と答えた宅明さん。「そうか…」とため息をつく大日向の方々。実際は、6家族20名が大日向地域に引っ越してくることになるのですが、この時ばかりは、ちょっぴりヒヤヒヤしました（後日、「6組も住むなんて、大したもんじゃないか！」と手を叩いて喜んでくれた人たちがいたことで本当にホッとしたのでした…）。

こうして、まだ見えぬ未来に不安も抱えながらも、「頑張れよ！」と説明会の最後には拍手を送ってくださった地域の方々に、中正さんは感動したと言います。初めての町民説明会で中正さんと麻さんが、学校をつくりたいのだと説明をさせていただいてから、ちょうど1年後のことでした。

プロローグとしてのエピローグ

２０１９年４月27日。学校が開校してから2週間半が過ぎて、子どもたちも少し新しい生活に慣れてきていました。この日は、大日向小学校ができるまでに力を貸してくださった方々と共に「開校を祝う会」が催されました。

前日にはオランダからリヒテルズさんや、オランダと日本で多くの研修の機会をくださっていたヒューバートさん、フレークさん、リーンさん、そして桑原さんと宅明さんが2週間視察に伺わせていただいたオランダ・イエナプランスクールの先生方も駆けつけてくださって、子どもたちとも交流してくださっていました。

お世話になった地域の方々、この本に登場してくださった方々はもちろん、本当にたくさんの方々がいらしてくださいました。笑顔がたくさん、言葉の通り、あふれていました。

体育館にはサークル型に椅子が並べられ、開校を祝う会は、児童のピアノ演奏から始まりました。

「やっと皆さんにお礼をお伝えできる」という気持ちで過ごさせていただきながら、ふと、この場にいてくだされば、絶対に、一番開校を喜んでくれただろう小須田武彌さんがここにいないことに寂しさを感じていました。だからこそ、学校法人の理事長として感謝の言葉を一人ひとりのお名前を挙げながら参加者の方々に向けて話している中正さんが、武彌さんの名前も挙げてくれた時は、ぐっときました。

子どもたちは、2週間という短い時間で自分たちなりの「お祝い」を演劇や歌、人形劇などで自由に表現し、その時間はとてつもなく自然な時間でした。つくられ過ぎる訳でもなく、子どもたちが自分たちの頭と手と心を使ってつくったと伝わるものでした。

旧佐久東小学校の卒業生でもある都さんが、子どもたちに旧佐久東小学校の校歌を紹介したところ、地域の方々の校歌への想いを知り、「大日向」という言葉が繰り返し出てくることでも興味を持ち、子どもたちは「開校式で歌いたい」と言いました。その想いは開校を祝う会に参加してくださっていた地域の方々に伝わり、子どもたちと共に歌声を聴かせてくださいました。あの時、体育館がじんわりオレンジ色に暖かくなった感じがしたのは私だけではなかったと思います。

さて、そろそろ学校が始まるまでの物語はおしまいです。
終わりに、いえ、はじまりに向けて、佐久穂町の佐々木町長が開校を祝う会で私たちに向けて語りかけてくださった言葉をご紹介したいと思います。

「私たちも変わります。
ですから。
今日新たにいらしてくださった皆さん。
皆さんも変わってください。
そして、佐久穂町のことを覚えてください。
さらに、好きになってください」

私たちは、すべて「相互に」与え与えられ、支え支えられる関係にすでになっている。
変わっていくことを恐れず、むしろ力にして、前に進もう。
準備期間はもう終わり、やっとここからがはじまりです。

開校を祝
モミジ

おわりに

　今日は、2019年10月11日。大日向小学校で「入学を祝う会」が催されてから、ちょうど半年が経ったところです。今日の大日向小学校では、そら組がワールドピースゲームで世界平和を達成し、うぐいす組のグループリーダーである原田さんと、しまうま組のYくんに向けたハッピーバースデーソングが廊下に響き渡りました。そして私は、佐久穂町から東京に帰る新幹線の中でこの「おわりに」を書いています。

　私はこの本を「夏休みの宿題」のようにして、8月にほぼ毎日書き進めていたのですが（大日向小学校には夏休みでさえ宿題はないというのに…）、書いている間も、書き終えて校正をしている間も、大日向小学校で今現在起きていることを思い浮かべていました。あくまでも「学校ができるまで」しか書いていないのに、過去のことを思い出しながらも、まさに、今現在起きていることに対してリフレクションし続ける、という不思議な体験をしたのです。自分が書いた言葉が、今の私自身に打ち返って来るような気持ちに何度もなり、イエナプランのコンセプトというものは、いつでもどこでも現れ、私自身との対話を繰り返すことになるのだと実感しました。

本当は、「学校ができるまで」を書くにしても、設立準備に関わった人たちみんなでこの本を書きたい気持ちが私にはありました。色々な理由でそれを断念せざるを得なかったのですが、「学校ができるまで」の物語は、私の視点だけではなく、学校設立に関わったすべての人たちの分だけ存在していますので、そのことはお伝えさせてください。

「一人で学校をつくることはできない」

という言葉は、イエナプラン独自のものではありません。だけれども、本当に多くの方々と共にここまで歩んできたのだと、大日向小学校の開校までの道のりを振り返ることで強く感じることができました。きっと、この本をお読みいただいた方々もそう感じられたのではないでしょうか。そして、開校してから半年が経ち、「学校というものは、こんなにもみんなでつくろうとすることができるのか」「こんなにも子どもたち一人ひとりに〝みんな〟で関わることができるのか」と心の底から思えることに、日々感動しています。

文中にも書きましたが、〝みんなで〟とか〝共に〟は、大変です。しんどいこともたくさんあります。それは、私たちがみんな「価値のあるユニークな存在」だからでしょう。けれどもそれを受け入れた先に、それぞれにとって豊かな日々が待っていることを、大日向小学校の子どもたちや保護者の方々、教職員はもちろん、地域の方々に出会えたことで、一つ証明できたようにも思います。

この本は20年ほど前の出来事から始まりますが、私には、今からちょうど10年前、「イエナプランのような学校をつくりたいね」と語り合った友人が二人います。2度目のオランダ視察から帰り、私が撮影してきたイエナプランスクールの教室の動画を、陽が落ちて段々と薄暗くなる部屋で観ながら、いつか一緒に学校をつくろう、と語り合った友人たちです。あの日から、学校づくりが本当の意味で「夢物語ではなく、実現可能なこと」になったと思っています。岩瀬直樹さん、長尾彰さん。ここまで共に在ろうとしてくれて、本当にありがとう。

また、日本イエナプラン教育協会の立ち上げ期から共に歩んできた、〝事務局メンバー〟にもこの場をお借りして改めてお礼を伝えさせてください。皆さんと共に歩めたからこそ、大日向小学校までたどり着くことができたと思っています。これからも、次のチャレンジに向かって一緒に歩ませてください。

そして、大日向小学校ができるまでにいつも笑顔で迎え入れてくださり、大変お忙しい中対応してくださった佐久穂町役場の皆さまに、心から感謝の気持ちをお伝えさせていただきます。

大日向小学校は、2019年4月、長い航海に出ました。船は小さくとも、多くの方々の想いをエネルギーにして、世界を何周もするような旅を続けます。この航海の途中で、私たちは多くの方々と出会い、誰もが、豊かで幸せな世界を目指しながら、「つながり」を広げていくことでしょう。楽しみでなりません。

中川　綾

本書『あたらしい しょうがっこうの つくりかた』を制作するにあたって、
クラウドファンディングにて延べ342名の方々からご支援をいただきました。
そして以下の皆さまから、より特別なご支援をいただきました。
厚く御礼申し上げます。
いただいたご支援は制作費の一部とするとともに、
本書を広め、公教育の選択肢を増やすための今後の活動に使わせていただきます。

【10万円ご支援】
匿名 1名様

【5万円ご支援】
山田 夏子 様（一般社団法人グラフィックファシリテーション協会 代表理事）
武田 緑 様（Demo代表・教育コーディネーター）
壁紙屋本舗 スタッフ御一同様
利根川 裕太 様
中正 雄一 様
匿名 1名様

中川　綾（なかがわ あや）

東京都出身・1977年生まれ。日本大学文理学部体育学科卒。

元中学・高校教諭（保健体育）。普通科・定時制・通信制高校、区立小中学校、特別支援学校での教員経験を経て、アメリカ・オランダで、Project Based Learningやイエナプラン教育などを学び、日本で研究・実践を行う。

学校法人茂来学園 理事／一般社団法人日本イエナプラン教育協会 理事／株式会社アソビジ 代表取締役社長／一般社団法人プロジェクト結コンソーシアム 理事

特技：泳げない人でも絶対に泳げるようにすること
趣味：協同ゲームづくりとハンコづくり
座右の銘：「遊ぶことは生きること」
共著：「みんなのきょうしつ」（学事出版）

あたらしい しょうがっこうの つくりかた

2019年11月19日　第1版第1刷発行

著者	**中川　綾**
発行者	長尾　彰
発行所	株式会社ナガオ考務店 〒155-0033 東京都世田谷区代田6-8-17 電話：03-6665-0803 https://akiranagao.com/
発売元	株式会社星雲社（共同出版社・流通責任出版社） 〒112-0005 東京都文京区水道1-3-30 電話：03-3868-3275
編集協力	藤田　貴久
印刷・製本	シナノ印刷株式会社

落丁・乱丁本はお取替えいたします。内容に関するお問い合わせは
ナガオ考務店ウェブサイトよりお願いいたします。

ISBN978-4-434-26829-8　C0037